CATALOGUE

DES

PLANCHES GRAVÉES

EN TOUS GENRES,

PAR LES PLUS CÉLÈBRES GRAVEURS

DU XVe AU XIXe SIÈCLE,

Composant le Fonds de Commerce d'Éditeur d'Estampes

de Mme veuve Auguste JEAN.

Par M. J. VALLEE, Expert.

DEUXIÈME PARTIE.

PARIS.

IMPRIMERIE ET LITHOGRAPHIE DE MAULDE ET RENOU,

RUE BAILLEUL, 9-11, PRÈS DU LOUVRE.

1846

TABLE SOMMAIRE.

Nota. l'Ordre des vacations est placée sur le recto du titre, page 54

CATALOGUE

DES

PLANCHES GRAVÉES

EN TOUS GENRES,

PAR LES PLUS CÉLÈBRES GRAVEURS

DU XVe AU XIXe SIÈCLE,

Composant le Fonds de Commerce d'Éditeur d'Estampes
de Madame veuve AUGUSTE JEAN.

DEUXIÈME PARTIE.

Dont la Vente, par continuation et par suite de Cessation
de Commerce,

AURA LIEU AUX ENCHÈRES PUBLIQUES,

Les Mardi 16, Mercredi 17, Jeudi 18, et Vendredi 19 Juin 1846,

Et le Lundi suivant, 22 Juin, pour les CARTES GÉOGRAPHIQUES,

Chaque jour à une heure très précise,

HOTEL DE VENTES MOBILIÈRES,

PLACE DE LA BOURSE, N° 2,

Salle N° 2, au 1er étage,

Par le ministère de Me MERLIN, Commissaire-Priseur, **rue du Battoir, 10,**

Assisté de M. J. VALLÉE, Expert, rue de Chartres-St.-Honoré, 8.

CHEZ LESQUELS SE DISTRIBUE LE CATALOGUE.

EXPOSITION PUBLIQUE

Le Lundi 15 Juin 1846, de midi à 5 heures,

Et le Dimanche suivant, 21 Juin, pour les CARTES GÉOGRAPHIQUES.

PARIS,

IMPRIMERIE ET LITHOGRAPHIE DE MAULDE ET RENOU,

Rue Bailleul, 9 et 11, près du Louvre.

1846.

2ᵉ PARTIE.

ORDRE DES VACATIONS.

1ʳᵉ VACATION.

Mardi 16 juin 1846, à 1 heure.

Nᵒ 356 à 363. — 422 à 430. — 261 à 264. — 247 à 254. — 335 à 340. — 289 à 295. — 324 à 327. — 225 à 229. — Et 390 à 398.

2ᵉ VACATION.

Mercredi 17 juin 1846, à 1 heure.

Nᵒ 364 à 372. — 431 à 439. — 265 à 268. — 255 à 260. — 352 à 355, — 304 à 312 (bis). — 320 à 323. — 220 à 224. — Et 399 à 406.

3ᵉ VACATION.

Jeudi 18 juin 1846, à 1 heure.

Nᵒ 373 à 381. — 440 à 445. — 269 à 278. — 347 à 351. — 313 à 319. — 328 à 331. — 231 à 238. — Et 415 à 421.

4ᵉ VACATION,

Vendredi 19 juin 1846, à 1 heure.

Nᵒ 382 à 389. — 446 à 452. — 341 à 346. — 332 à 334. — 279 à 288. — 296 à 303. — 239 à 246. — Et 407 à 414.

5ᵉ VACATION SPÉCIALE POUR LES CARTES GÉOGRAPHIQUES,

Lundi 22 juin 1846, à 1 heure.

Nᵒ 453 à 521. (L'ordre numérique pourra être interverti, il sera indiqué sur les chemises d'exposition.)

CONDITIONS DE LA VENTE.

Au comptant, cinq pour cent en sus des adjudications, à la charge des acquéreurs.

AVERTISSEMENT.

—◆—

Cette seconde partie comprend principalement quantité
de productions de ces célèbres graveurs *français* des XVIIe
et XVIIIe siècles, qui nous ont si parfaitement reproduit
les œuvres admirables des grands peintres, qui, sous le
rapports des arts, ont contribué à jeter un si grand éclat
sur les règnes de Louis XIV et de Louis XV (1). On y ren-
contre en première ligne :

1° Une réunion intéressante de personnages de tous états
et conditions par les graveurs les plus justement renommés
en ce genre : Antoine *Masson*, Robert *Nanteuil*, Gerard
Edelinck, Pierre *Drevet*, Pierre-Imbert *Drevet fils*, Jean-
Joseph *Balechou*, Pierre *Van Schuppen*, surnommé le
petit Nanteuil, Charles *Vermeulen*, Jean *Daullé*, et autres.

2° Quantité de sujets dits *sujets de genre*, d'après les
tableaux les plus remarquables des : David *Téniers*, J.-B.
Greuze, F. *Boucher*, J.-H. *Fragonard*, et tant d'autres
dont les inimitables compositions, si vraies, si naturelles et
si spirituelles et naïves, puisées dans nos mœurs, ont le don
de plaire généralement à tout le monde.

3° Un grand nombre de sujets de l'*Ecriture sainte*, d'a-
près l'ancien et le nouveau Testament, la plupart d'après
les compositions des grands maîtres de l'*école française*,
tels que : Charles *Le Brun*, Nicolas *Poussin*, Philippe de
Champagne, Nicolas et Pierre *Mignard*, Eustache Lesueur, Antoine *Coypel*, Jean *Jouvenet*, Sébastien *Bourdon*, etc., etc. Et quelques uns aussi d'après les tableaux
des maîtres célèbres des écoles d'Italie : Le *Dominicain*
(Zampieri dit), Annibal *Carrache*, Carle *Maratte*, Le
Titien (Veccellio dit), *Raphaël*, et autres. Toutes planches
gravées presque exclusivement par les célèbres graveurs

(1) Les musées du Louvre et de Versailles, ainsi que les collections historiques, réunies dans les différents palais du Roi,
renferment beaucoup de tableaux originaux de la plupart des
planches gravées qui font partie de cette vente. Il serait donc
à désirer que S. Ex. M. le Ministre de l'Intérieur pût mettre à
la disposition de M. le Directeur des musées royaux les fonds
nécessaires pour faire l'acquisition de ces planches, afin de les
réunir à celles de la CALCOGRAPHIE du musée royal, qui en
possède déjà un grand nombre, par et d'après ces mêmes maîtres
et artistes célèbres. Espérons que ces vœux, que nous formons
dans l'intérêt des arts, seront entendus et exaucés, s'il y a
possibilité.

français: Audran (Gerard, Benoît et Jean), *Drevet* (Pierre, Pierre-Imbert et Claude), Gerard *Edelinck*, Jean *Pesne*, de *Poilly* (François et Jean-Baptiste), Jean-Louis *Roullet*, Claudine *Stella*, etc., etc.

Et encore quantité d'autres planches en tous genres, par des graveurs tant anciens que modernes, parmi lesquelles se trouvent plusieurs bons *ouvrages*, *recueils*, *suites* et *collections* variées par et d'après les premiers maîtres des différentes écoles anciennes.

Enfin une collection importante de cartes *géographiques*, cartes routières, atlas, et plans des principales villes, complète cette deuxième partie de la vente du fonds de Madame veuve Auguste *Jean*.

Nous ferons observer que, dans les pièces qui n'ont aucun titre et qui par cette raison ont nécessité une description du sujet, ou des indications nécessaires et suffisantes pour les faire reconnaître : 1° La *droite* ou la *gauche* est indiquée par rapport au spectateur ; 2° La *marge*, le mot du *bas* est toujours sous-entendu, lorsque le mot n'est pas suivi d'indication précise.

Nous avons pensé devoir conserver l'orthographe incorrecte des noms des *peintres*, *graveurs* et *éditeurs*, ainsi qu'ils sont écrits sur les planches ; et même aussi les fautes de français qu'on trouve dans quelques *titres*, *adresses* ou *dédicaces*, que nous avons jugé convenable de transcrire en totalité ou en partie.

La plupart des mesures sont prises en *centimètres* (cent. par abréviation), et quelques uns seulement en *mètres*, *centimètres*, et même en *millimètres*, lorsque les planches sont d'une très-petite dimension ; elles indiquent celles des *cuivres*, par conséquent celles des *estampes*, avec toutes leurs marges.

Comme dans la vente de la première partie, toutes les planches seront vendues avec la totalité des impressions existantes, et sans *aucune réserve*. Le nombre en sera exactement indiqué sur les chemises d'*exposition*, et lors de la mise sur table de chacun des lots. Cette clause sera ponctuellement observée. Mme Jean en donne ici l'assurance la plus formelle, afin de détruire les bruits fâcheux qui ont circulé sans raison à ce sujet, et que la malveillance seule pourrait continuer de propager. Toutes plaintes ou réclamations seront donc entendues et examinées avec le plus grand soin, pour y faire droit, s'il y avait lieu.

Nota. M. VALLÉE, expert, rue de Chartres Saint-Honoré, n° 8, se charge des commissions qu'on voudra bien lui transmettre.

CATALOGUE
DES PLANCHES GRAVÉES
PAR LES PLUS CÉLÈBRES GRAVEURS
du XV au XIXe siècle,
Composant le Fonds de Mme veuve Auguste JEAN.

DEUXIÈME PARTIE.

PORTRAITS

De divers Personnages historiques de tous états,

Par Ant. MASSON ; — Rob. NANTEUIL ; — Gérard EDELINCK ; — DREVET (Les) ; —J.-J. BALECHOU, P. Van SCHUPPEN, et autres célèbres Graveurs.

---

220. GUILLAUME DE BRISACIER, secrétaire des commandements de la Reine. Ce titre est écrit ainsi dans la partie ombrée de la bordure ovale qui encadre ce portrait. Planche gravée au burin par *Antoine Masson*, d'après *Nicolas Mignard* (l'aîné) dit *Mignard d'Avignon*. Morceau considéré comme l'un des chefs-d'œuvre de gravure. C'est le n° 15 de l'œuvre de ce maître dans l'ouvrage intitulé : *Le Peintre graveur français*, par M. Robert Dumesnil (1). (2e vol. p. 141).

    1. CUIVRE. Haut. 35 cent. sur 27.

(1) Comme nous aurons souvent occasion de citer dans cette 2e partie du catalogue, l'ouvrage intitulé : *Le Peintre graveur français ; ou catalogue raisonné des estampes gravées par les peintres et les dessinateurs de l'école française, ouvrage faisant suite à celui de M. Bartsch, par M. A.-P.-F. Robert Dumesnil*, afin d'éviter des répétitions nombreuses, nous désignerons cet ouvrage dans les articles suivants, par les initiales P. G. F. suivies du numéro de l'œuvre du graveur auquel il se rapporte.

221. **Hardouin de Beaumond de Péréfixe**, archevêque de Paris. Planche gravée au burin par *Antoine
Masson*, d'après *Nicolas Mignard*. Ce personnage
représenté en buste est vu de trois quarts, tourné
à gauche, regardant de face et décoré de l'ordre
du Saint-Esprit. Il est placé dans un médaillon
ovale, entouré d'une couronne d'olivier, avec
banderolles, et posé sur un socle armorié. Sur la
tablette de ce socle on lit à gauche : *N. Mignard
avenionensis pinxit*; et à droite : *Ant. Masson,
sculpebat 1664*. Et sur la bordure d'olivier, on
lit dans le haut : *Hardouin de Perrefixe*, et dans
le bas : *Mort à Paris, le 31 décembre 1670*. P.
G. F. n° 61. (2ᵉ vol. p. 136).

   1. Cuivre. Haut. 39 cent. sur 32.

222. **Marie de Lorraine**, duchesse de Guise, princesse de Joinville, (petite fille du Balafré). Planche
gravée au burin par *Antoine Masson* d'après
Pierre Mignard. Cette princesse est représentée
presque de face, où elle regarde, et dirigée à
gauche ; ce portrait en buste est placé dans une
bordure ovale ornée à sa base d'un cartouche
emblématique avec cette devise : *Succisas dat con-
jectare superstes ;* sur la plate-bande ombrée de la
bordure on lit : *Marie de Lorraine, dvchesse de
Gvise, princesse de Joinville*, et sur la tablette de
l'appui, à gauche : *Petrus Mignard pinxit*, et à
droite : *Antᵘˢ Masson, delineauit et sculpsit:
Parisijs 1684*. — P. G. F. n° 32. (2ᵉ vol.,
pag. 120.)

   1 Cuivre. Haut. 34 cent. sur 26.

59

223. **JULES MAZARIN**, cardinal, ministre d'Etat. Planche gravée au burin par *Robert Nanteuil,* d'après *Van Mol.* Ce portrait en buste est tourné à droite et regarde de face, il est placé dans une bordure ovale liée en haut par des rubans qui flottent dans les angles. Dans le bas , se trouve au milieu un large écusson aux armes du cardinal. On lit à droite, sur la console du support : *Van Mol, pinxit. Nanteuil sculp.,* et sur la bordure dans le haut : *le cardinal Mazarin*, et dans le bas, des deux côtés de l'écusson : *Né à Piscina, en 1602, mort en 1661.* P. G. F. n° 175. (IVᵉ vol. pag. 149.)

1 Cuivre. Haut. 34 cent. sur 26.

224. **PIERRE PONCET**, maître des requêtes, puis conseiller d'Etat. Planche gravée au burin par *Robert Nanteuil*, d'après lui-même. Ce personnage représenté en buste est tourné à gauche et regarde de face, et il placé dans une bordure ovale armoriée au bas et sur laquelle on lit : *Petrus Poncet regi christianiss°...... in regia magister* et à droite sur la console du support : *Nanteuil ad viuum Pingebat et sculpebat 1673.* P.G.F.n° 215.(IVᵉ vol. p. 167.)

1 Cuivre. Haut. 32 cent. 1/2 sur 25 1/2.

225. Le portrait de **VAN STEENBERGHEN**, (Jean-Baptiste) connu sous le nom de l'*Avocat de Hollande.* Planche gravée au burin par *Robert Nanteuil* d'après *D. F. Duchastel.* Ce portrait en buste dans une bordure ovale, est tourné à droite et regarde de face. On lit sur cette bordure : *Ioan. Bapt.*

Van Steenberghen.......... et. fisci. advocatione, et sur la tablette du socle qui supporte le portrait; à gauche : *Duchastel pinxit,* et à droite : *Nanteuil, sculpebat 1668.* On lit encore sur la face du socle : *Ioan. Bapt. Van Steenberghen* P. G. F. n. 126 (IV vol. pag. 177.)

1 CUIVRE. Haut. 32 cent. sur 25.

226. BENIGNE BOSSUET, évêque de Meaux. (Jacobus-Benignus Bossuet, episcopus). Il est représenté debout et en pied, dans son cabinet. Planche gravée au burin par *Pierre Imbert Drevet (le fils),* d'après *Hyacinthe Rigaud. Cette planche est considérée comme chef-d'œuvre de gravure.*

1 CUIVRE. Haut. 51 cent. sur 35.

227. LOUIS-ANTOINE DE NOAILLES, cardinal archevêque de Paris. Planche gravée au burin par *Pierre Drevet,* d'après *Hyacinthe Rigaud.* Vu de trois quarts et en buste. Ce personnage est tourné à droite et regarde de face, il est décoré de l'ordre du Saint-Esprit. Il est placé dans une bordure ovale appuyée sur une console avec écusson armorié. On lit autour de la bordure : *Lud. Ant. De Noailles, S. R. Ecclesiæ cardinalis archiep. Paris. Dux. et Par Franciæ, Reg. ord. commend.*

1 CUIVRE. Haut. 45 cent. sur 35.

228. LOUIS, DUC DE BOURGOGNE, fils du grand dauphin, et frère de Louis XV. Planche gravée au burin par *Pierre Drevet,* d'après *Hyacinthe Rigaud.* Ce portrait à mi-corps est placé dans un médaillon ovale supporté par une console avec écusson aux armes royales; le prince revêtu de cuirasse est tourné à droite, et regarde de face. Autour de sa bordure on lit : *Louis, duc de Bourgogne, fils du grand dauphin, et frère de Louis XV* ; et sur la tablette du support à gauche : *H. Rigaut pinx* ; et à droite : *P. Drevet, sculp.*

1 Cuivre. Haut. 47 cent. sur 38 1/2.

229. LE CARDINAL DUBOIS (Guillaume), archevêque duc de Cambrai. Planche gravée au burin en 1724, par *Pierre Imbert Drevet*, d'après *Hyacinthe Rigaud*.

1 Cuivre. Haut. 47 cent. sur 37.

230. HENRY OSWALD, cardinal d'Auvergne, archevêque de Vienne. Planche gravée au burin en 1749, par *Claude Drevet*, d'après *le même*.

1 Cuivre. Haut. 51 cent. sur 37 3/4.

231. LOUIS, DAUPHIN DE FRANCE, dit le grand dauphin, fils de Louis XIV et père de Louis XV. Planche gravée au burin par *Pierre Drevet*, d'après *Hyacinthe Rigaud*. Ce portrait à mi-corps est placé dans un médaillon ovale avec un grand écusson armorié. On lit dans la bordure : *Louis, dauphin de France*, et sur la base du piédestal qui supporte le médaillon à gauche : *Hyacinthe Rigaut pinxit P. Drevet sculp.*

1 Cuivre. Haut. 47 cent. sur 34 1/2.

232. CHARLES ROLLIN (Carolus Rollin). Planche gravée au burin par *Jean-Joseph Balechou*, d'après *Charles Coypel.* Dans la marge ombrée par des barres parallèles et au dessous du nom du personnage écrit en latin, on lit : *Antiquis universi-*

tatis... academiæ socius. Et plus bas : *Obiit octo-
genario major, die 14 sept. 1741.*

1 Cuivre. Haut. 51 cent. sur 40.

233. G. N. DE LA REYNIE, conseiller du Roi, maître
des requêtes. Planche gravée au burin par *Pierre
Vanschuppen (surnommé le Petit Nanteuil),* d'après
Pierre Mignard. Ce portrait en buste est tourné
à droite et regarde de face. Il est placé dans une
bordure ovale armoriée posée sur une console ; sur
la tablette on lit à droite : *P. Mignard pingebat.*
et à gauche : *P. Vanschuppen sculpebat 1665.* Et
autour de la bordure, dans la partie ombrée :
*Messire G. N. De La Reynie, Con^r dv Roy M^re
Des Requestes.*

1 Cuivre. Haut. 56 cent. sur 28 1/4.

234. Trois portraits de célèbres actrices, savoir :
1° De **ADRIENNE LE COUVREUR,** *morte à Paris, le
20 mars 1830, âgée de trente-sept ans,* représentée
dans le rôle de Cornélie. Elle est vue à mi-corps
et porte dans ses mains le vase qui contient les
cendres de Pompée. Planche gravée au burin par
P. Drevet fils, d'après *Charles Coypel.*

2° De **CHARLOTTE DESMARES.** Elle est vue à mi-
corps et tournée vers la droite. Elle tient de la
main gauche un masque et un poignard comme
attributs de la tragédie. Planche gravée au burin
en 1733, par *Lépicié (Nicolas-Bernard),* d'après *le
même.*

3° de **CATHERINE DE SEINE, ÉPOUSE DU Sr DUFRESNE,**
représentée dans le rôle de Didon. Elle est vue de
face à mi-corps, le bras gauche appuyé sur un

bûcher et tenant de sa main droite un poignard dont elle s'est percé le sein gauche. Planche gravée au burin par *Aved (Jacques-Antoine-Joseph)*.

Ces portraits sont placés dans des bordures ovales supportées par des consoles, sur les tablettes de chacune desquelles on lit quatre vers.

3 CUIVRES. Haut. 41 cent. sur 29. Un seul lot.

235. L'acteur BARON, surnommé le Roscius français. Planche gravée au burin par *J. Daullé*, d'après *De Troye*. Portrait à mi-corps et drappé d'un riche manteau, tourné vers la gauche et regardant à droite ; sur le milieu de la console qui supporte la bordure carrée, on lit en quatre lignes : *Euri-pide et Sophocle... Roscius restait sans égal*. Plus bas à gauche : *De Troye pinxit*, et à droite : *J. Daullé sculp. 1732.*

1 CUIVRE. Haut. 42 cent. sur 29 1/2.

236. Le portait en pied de MEZETIN. Planche gravée au burin par *C. Vermeulen*, d'après *F. de Troy*. On lit pour titre dans la marge en six lignes, sur deux colonnes : *Ici de Mezetin rare et nouveau Protée... toute chose.*

1 CUIVRE. Haut. 56 cent. sur 40 1/2.

237. CHARLES MOUTON, musicien de Louis XIV. Ce personnage est représenté en pied, jouant du tuorbe (espèce de guitare), assis à gauche et tourné du côté opposé, en regardant le spectateur. Planche gravée au burin par *G. Edelinck*, d'après *F. de Troye*. On lit au bas sur la bordure à gauche : *De Troye pinxit*, et à droite : *Edelinck sculp. cum*

*privil. Regis. A Paris, rue St-Jacques du Séra-
phin. P. G. F. n. 281, (vii° vol. page 305.)*

1 Cuivre. Haut. 44 cent. sur 36.

238. poisson (Raimond), comédien, en habit de
Crispin. Planche gravée au burin par *Gerard
Edelinck,* d'après *J. Netscher.* On lit dans la
marge, huit vers en deux colonnes: *Le peintre et
le graveur... multiplier l'original.* Au bas à gauche:
J. Netscher pinx. Et à droite: *G. Edelinck effigiem
sculp.,* C. P. R. P. G. F. n. 299 (vii° vol. pag. 314
et 315).

1 Cuivre. Haut. 48 cent. sur 37.

239. Le portrait de gérard-dow, célèbre peintre
hollandais, peint par lui-même. On lit au dessous
du titre ci-dessus : *A Paris, chez Basan et Poi-
gnant, m^{ds} d'estampes, rue et hôtel Serpente.* A
gauche: *Gerard Dow pinx.* Et à droite: *Ingouf J^{or}
sculp. 1776.*

1 Cuivre. Haut. 41 cent. sur 29.

240. le bourg-mestre, gravé d'après le tableau original d'Adrien Ostade. Planche sans noms d'auteurs. On lit au dessous du titre ci-dessus: *A
Paris, chez Beauvarlet, graveur du Roi, rue Saint-
Jacques, vis à vis celle des Mathurins.*

1 Cuivre. Haut. 44 cent. sur 33.

241. Le portrait équestre de : m. nestier, écuyer
ordinaire de la grande écurie du Roi, gravé au
burin par *Daullé,* en 1753, d'après le tableau de
Delarue, peint en 1751, avec l'adresse de Buldet,
éditeur.

1 Cuivre. Haut. 54 cent. larg. 40.

242. Le portrait de thomas jefferson, président des États-Unis de l'Amérique, an 1801. Planche gravée par M. *Aug. Desnoyers,* d'après son dessin.

1 Cuivre. Haut. 38 cent. sur 28.

243. j. n. corvisard, premier médecin de S.-M. l'Empereur et Roi, officier de la Légion-d'Honneur, baron de l'Empire. Planche gravée au burin par *Blot,* d'après *Gerard.* Haut. 29 cent. 1/2 sur 24.

F. J. GALL. M. D. Au-dessous on lit *Système cranologique,* et plus bas sont trois têtes anatomiques et phrénologiques posées sur une tablette avec la description du système. Haut. 27 cent. sur 19.

2 Cuivres. Un seul lot.

244. Portraits dans des bordures ovales, savoir : De christophe gluck, d'après *J. Duplessis;* — de a. e. m. gretry, d'après *Mme Le Brun;* — de nic. piccini, d'après *Robineau;* — de antonio sacchini, d'après *L. Jay;* — de voltaire (pour titre : *Post genitis hic,* etc., d'après *De la Tour.* Ces quatre portraits gravés par *L. J. Cathelin;* — de j.-b. pocquelin de molière; — de j. racine; — de j.-f. de la harpe, d'après *A. Pujos,* par *F. Huet;* — de benjamin franklin, d'après *Duplessis, P. Pl. sculp.;* — de s. e. georges washington, *Le B. pinxit, J. L. sculp.;* — henri iv, roi de France et de Navarre; — sully, ministre de Henri IV; — louis xv, roi de France et de Navarre, d'après *Queverdo,* par *Patas;* — de d. d. carolo tussano de vermont, d'après *Mlle Navarre,* par *L.-F. de Vermont* ; — de FRÉDÉRIC-HENRI-LOUIS DE PRUSSE, par *Vinsac*, d'après son dessin.

15 CUIVRES. De différentes grandeurs. Un seul lot.

245. Dix portraits, savoir : De DENIS DIDEROT, d'ap. *J.-M. Vanloo*, par *David* ; — de CANOVA , d'ap. *F. Gerard*, par *C.-S. Pradier* ; — de M. F. A. DE VOLTAIRE ; — et de J.-J. ROUSSEAU. Ces deux planches par *J. Barbié* ; — de F. AROUET DE VOLTAIRE ; — et de J.-JACQUES ROUSSEAU ; ces deux planches à Paris, chez Landelle ; — de CARTEAUX, d'après la *citoyenne Boze*, par *J.-J.-F. Tassaert* ; — de JOSEPH-AUGUSTIN BOURSOUL, *Causiez pinx* ; — de LOUIS SEIZE, ROI DES FRANÇAIS, par *Coutellier* ; — SAULE PLEUREUR.

10 CUIVRES. De différentes grandeurs. Un seul lot.

246. Petits portraits de forme ovale gravés au pointillé par divers , savoir : Trois de NAPOLÉON Ier, empereur des Français ; — trois de NAPOLÉON, duc de Reichstadt, d'après *Isabey* et *Vinkar* ; — deux de MARIE-LOUISE ; — JOSÉPHINE ; — EUGÈNE BEAUHARNAIS ; — deux de BERTRAND ; — MONTHOLON ; — JOSEPH PONIATOWSKI ; — NEY ; — CARNOT ; — FOY ; — DONA-GLORIA , reine de Portugal ; — HUSSEIN-PACHA, dey d'Alger ; — MONSEIGNEUR H. L. DE QUÉLEN ; — LÉON XII, pape ; — et le prince LÉOPOLD DE SAXE-COBOURG. En totalité 22 portraits de 16 personnages différents.

22 CUIVRES. Un seul lot.

SUJETS DE GENRES

Par différens Graveurs français, d'après :

1o David TENIERS. 2o J.-B. GREUZE, et autres. 3o F. BOUCHER. 4o H. FRAGONARD ; et 5o divers autres Peintres de l'école française, des XVIIe et XVIIIe siècles.

1°. D'après DAVID TÉNIERS.

247. Deux sujets d'après David *Téniers*, savoir : La FEMME JALOUSE ; — et SAINT ANTOINE. Planches gravées par *J.-Ph. Le Bas*.

> 2 CUIVRES. Haut. 38 cent. sur 28.

248. Les OEUVRES DE MISÉRICORDES, estampe dédiée au Roy. L'ENFANT PRODIGUE, dédiée à M. le comte de Noailles ; — et LES MISÈRES DE LA GUERRE, dédiée à M. le comte de Vence. Trois planches d'après *le même*. Les deux premières gravées au burin par *J.-Ph. Le Bas*, et la dernière par *J. Tardieu*.

> 3 CUIVRES. Larg. 63 cent. sur 51.

249. La FERME ; — GUINGUETTE FLAMANDE ; — la BOUDINIÈRE ; — et IXe VUE FLAMANDE. Quatre sujets par *le même*. Quatre planches gravées au burin par *J.-Ph. Le Bas*.

> 4 CUIVRES. Larg. 46 cent. sur 39.

250. 1re FÊTE FLAMANDE, pièce dédiée à Mme la marquise de Pompadour ; — 2e FÊTE FLAMANDE, dédicace à M. le comte de Choiseul ; — 3e FÊTE FLAMANDE, sans dédicace, mais avec les armoiries de M. le marquis d'Argenson ; — 4e FÊTE FLAMANDE, avec les mêmes armoiries ; — VEUE D'ANVERS OU 5ᵉ DE FLANDRES, avec dédicace à M. Slodtz ; — BLANCHISSERIE OU 6ᵉ VEUE DE FLANDRES, dédiée à M. Vernet, peintre du Roi. Suite des six grandes estampes dites KERMESES, d'après *le même*. Planches gravées au burin par *J.-Ph. Le Bas.*

6 CUIVRES. Larg. de 68 à 76 cent. sur 50 à 58.

251. DAVID TENIERS ET SA FAMILLE ; — Le CHIMISTE ; La MAISON RUSTIQUE ; — La TENTATION DE SAINT ANTOINE ; — La BASSE COUR ; — Et les PHILOSOPHES BACHIQUES ; six planches d'après *le même,* gravées au burin par *J.-Ph. Le Bas.*

6. CUIVRES. Larg. 49 cent. sur 37.

252. RETOUR DE GUINGUETTE ; — La MOISSON ; — Le JEU DE BOULE ; — 6ᵉ VUE DE FLANDRE : — L'AMOUREUX BUVEUR ; — Et les FUMEURS HOLLANDAIS. Six planches d'après *le même.* Les quatre premières gravées par *J.-Ph. Le Bas,* et les deux dernières par *P.-C. Canot.*

6 CUIVRES. Larg. 46 cent. sur 37 et 39 cent. de haut.

253. Collection de dix sujets d'après *le même,* savoir : VUE DE FLANDRES ; — L'ARC-EN-CIEL (SECONDE VEUE DE FLANDRES) ; — ENVIRONS D'ANVERS ; — les ACCORDS FLAMANDS ; — le LENDEMAIN DES NOPCES ; — la RÉCRÉATION FLAMANDE ; — le MARCHÉ A FAIRE ; — le MARCHÉ CONCLU ; — les MISÈRES DE LA GUERRE ; — ACHILLE RECONNU PAR ULYSSE. Ce dernier dans le goût de Rubens. Planches gravées au burin par *J.-Ph. Le Bas.* Plusieurs des eaux fortes de ces planches sont par *Martini* et *Malbeste.*

10 CUIVRES. Larg. 59 cent. environ sur 50 cent.

254. Le TRICTRAC ;—et les PASSE-TEMPS DE FLANDRES. Deux planches gravées au burin par *J.-Ph. Le Bas,* d'après *le même* ; — et FUREUR BACHIQUE. Planche gravée au burin par *C. Le Vasseur* d'après *Braor* (pour *Brouwer*).

> 3 CUIVRES (les deux premiers). Larg. 40 cent. sur 31. Et le dernier. Larg. 35 cent. sur 29.

2° D'après JEAN-BAPTISTE GREUZE et autres.

255. La CRUCHE CASSÉE ; — la VERTU CHANCELANTE ; — l'ENFANT GATÉ ; — la BONNE MÈRE. Quatre planches d'après *J.-B. Greuze,* gravées au burin par *J. Massard, J.-Ph. Le Bas* et *L. Cars.*

> 4 CUIVRES. Haut. 50 à 54 cent. sur 37.

256. L'ACCORDÉE DE VILLAGE ; — le PARALYTIQUE SERVI PAR SES ENFANTS ; — la MÈRE BIEN AIMÉE ; — la DAME BIENFAISANTE ; — le GATEAU DES ROIS ; — la VEUVE ET SON CURÉ ; — le TESTAMENT DÉCHIRÉ ; — la BELLE MÈRE ; — la FEMME COLÈRE ; la MALÉDICTION PATERNELLE ; — le FILS PUNI ; — la VERTU RÉCOMPENSÉE ; — et l'HEUREUSE UNION. Collection de treize planches d'après *le même,* gravées au burin par *J.-J. Flipart, J. Massard, C. Le Vasseur, R. Gaillard, H. Marais,* et *J.-Ph. Le Bas.*

> 13 CUIVRES. Haut. 60 cent. sur 56.

Cet article pourra être divisé.

257. Cinq sujets dans la manière de *J.-B. Greuze.* Planches pouvant faire suite à la collection précédente, savoir: la DEMANDE ACCEPTÉE, d'après *N.-C. Lépicié,* par *Ch. Cl. Bervic* ; — le RETOUR

DU LABOUREUR ; — et la LIBERTÉ DU BRACONNIER ; ces deux planches d'après *Ch. Benazech*, par *Ingouf le jeune*; — la PREMIÈRE LEÇON D'AMITIÉ FRATERNELLE, d'après *E. Aubry*, par *N. De Launay*; — et SOCRATE... APRÈS AVOIR BU LA CIGUE, par *Sané*, par *Danzel*.

5 CUIVRES. Larg. 66 cent sur 56.

258. L'ACCORDÉE DE VILLAGE ; — la PIÉTÉ FILIALE ; — l'HEUREUX MÉNAGE ; — le PÈRE DE FAMILLE LISANT LA BIBLE A SES ENFANTS ; — les SEVREUSES; l'OCCUPATION PAISIBLE ; — l'EXEMPLE D'HUMANITÉ ; — et le DIVERTISSEMENT GRACIEUX. Huit planches d'après *J.-B. Greuze*, par divers.

8 CUIVRES.

259. Six sujets d'après le même, savoir : Le TENDRE DÉSIR ; — la VOLUPTUEUSE ; — l'OISEAU REGRETTÉ, estampe sans titre, mais seulement avec *dédicace à M*^me *la duchesse de Grammont* ; — la JEUNE FILLE à la Rose, également sans titre, avec *dédicace à M*^me *la duchesse de Luynes* ; — la FILLE CONFUSE ; — et la JOLIE SAVONNEUSE. Les quatre premiers sont des bordures ovales ornées de guirlandes, planches au burin par *Gaillard*, *Flipart*, et *Ingouf le jeune*, et les deux dernières planches gravées par *J. Danzel* et *Ingouf l'aîné*.

6 CUIVRES. Haut. 40 cent. environ sur 29.

260. La LECTURE DE LA BIBLE ; — la BELLE MÈRE ; — les REGRETS INUTILES ; — le FILS INGRAT ; — le DIVERTISSEMENT GRACIEUX D'UNE FAMILLE VILLA-GEOISE ; — et le VRAI BONHEUR, six planches. Les cinq premières d'après le même, et la dernière d'après *Ch. Benazech*, gravées par *Martenasi, Le Vasseur, Avril, Vignet* et autres.

6 CUIVRES.

3° D'après François BOUCHER.

261. Six sujets d'après *François Boucher*, savoir : le MAITRE GALANT ; — PENSENT-ILS AU RAISIN ; — la FONTAINE ; — le BERGER ; — le PASSAGE DU PONT ; — et le MOULIN. Les deux premiers gravés par *J.-Ph. Le Bas*. Le troisième et le quatrième par *Pelletier*. Et les deux derniers de formes ovales gravés par *Pierre Laurent*.

6 CUIVRES. Les 4 premiers en larg. 46 cent. sur 34. Et les deux derniers en hauteur 51 cent sur 40.

262. Quatre sujets d'après *le même*, savoir : les GRACES AU BAIN, par *W. Ryland* ; — les NYMPHES AU BAIN, par *J. Ouvrier* ; — PENSENT-ILS A CE MOUTON? par *M*^{me} *Jourdan* ; — et les DOUCEURS DE L'ÉTÉ, par *Moitte!*

4 CUIVRES. Haut. 41 à 46 cent. sur 28 à 34.

263. Le BERGER RECOMPENSÉ ; — l'OBÉISSANCE RECOMPENSÉE ; — et la FÉCONDITÉ. Trois sujets d'après *le même*, planches gravées au burin par *R. Gaillard*.

3 CUIVRES. Haut. 50 cent. sur 38.

264. Dix sujets d'après *le même*, savoir : L'AGRÉABLE LEÇON ; — les AMANTS SURPRIS ; — le MESSAGER DISCRET ; — VÉNUS ET LES AMOURS ; — le GOUTER DE L'AUTOMNE ; — le PANIER MYSTÉRIEUX ; — le MOUTON FAVORI ; — les SABOTS ; — les BACCHANTES ENDORMIES ; — et le BOUQUET BIEN REÇU. Planches gravées au burin par *R. Gaillard*.

10 CUIVRES. Haut. 50 cent. sur 38.

4° D'après Jean-Honoré FRAGONARD et autres.

265. La GAIETÉ CONJUGALE ; — et la FÉLICITÉ VILLA-
GEOISE, d'après *S. Freudenberg* ; — l'INNOCENCE
INSPIRE LA TENDRESSE, d'après *Aubry* ; — et la
CACHETTE DÉCOUVERTE, d'après *H. Fragonard*.
Quatre planches gravées au burin par *N. De
Launay, J.-L. Delignon, Voisard, et R. De
Launay le jeune*.
  4 CUIVRES. Larg. 36 cent. sur 33.

266. Six sujets d'après *Fragonard*, savoir : Les BAI-
GNETS ; — et DITES DONC S'IL VOUS PLAIT ; — L'ÉDU-
CATION FAIT TOUT et le PETIT PRÉDICATEUR ; —
le BONHEUR DU MÉNAGE ; — et l'HEUREUSE FÉCON-
DITÉ. Six sujets gravés au burin par *N. De Launay*.
  6 CUIVRES. Larg. 32 c. 29.

267. Le CONTRAT ; — et le VERROU, d'après *le même*.
Deux planches gravées au burin par *Blot*.
  2 CUIVRES. Larg. 47 cent. sur 41

268. Trois sujets d'après *le même*, savoir : La BONNE
MÈRE ; — le SERMENT D'AMOUR ; — et l'ORACLE
DES AMANTS. Trois planches de sujets de formes
ovales gravées au burin par *N. De Launay* et
Choffart.
  3 CUIVRES. Haut. 59 c. sur 44.

5° D'après DIVERS AUTRES PEINTRES de l'Ecole
française des XVII et XVIII° siècles.

269. Le POÈTE ANACRÉON, d'après *P.-A. Beaudoin* ; —
et la GAYETÉ DE SILÈNE, d'après *N. Bertin*. L'ENFANT
CHÉRI, d'après *J.-B. Leprince* ; — et l'ABUS ET LA

CRÉDULITÉ, d'après *Aubry*. — Les REGRETS MÉRI-
TÉS, d'après *Mlle Gérard* ; — et C'EST PAPA! d'après
Vangorp. Six sujets gravés au burin par *N. De
Launay*.

6 CUIVRES. Larg. 34 cent. sur 30.

270. Le MATIN ; — le MIDI ; — le SOIR ; — et la NUIT,
suite de quatre sujets d'intérieurs gravés par *E. De
Ghendt*, d'après des gouaches de *P.-A. Beaudouin*.
4 CUIVRES. Haut. 37 cent. sur 27.

270 *bis*. La SORTIE DU BAIN, par *L.-S. Lempereur*,
d'après *L.-R. Trinquesse* ; — et la CORRECTION
CONJUGALE, par *L. Valperga*, d'après *A. E. G.*
2 CUIVRES. Haut. 52 et 53 sur 39.

271. COME LA TROVATE? — OH, CHE FORTUNA ; et
suite. Quatre sujets d'après *Sicardi*. Planches de
forme ovale gravées au pointillé par *Copia*, *Bouquet* et *Burke*.
4 CUIVRES. Haut. 45 cent. sur 36.

272. TU SAURAS MA PENSÉE ; — AH! AH! QU'IL EST
SOT ; — POUSSEZ FERME, — Ç'A IRA ; — Ç'A A ÉTÉ ;
QUE N'Y EST-IL ENCORE ; — IL DORT ; — HONY SOIT
QUI MAL Y PENSE ; — le BAISER A LA DÉROBÉE ; —
et le TÊTE A TÊTE A LA GUINGUETTE. Dix planches
gravées par *Petit, Mathias, Texier, Bonnefoy,* et
Regnault. Les huit premières d'après *Bailly*.
10 CUIVRES.

273. HONY SOIT QUI MAL Y PENSE ; — et HONY SOIT
QUI MAL Y VOIT. Deux sujets d'après *Ph. Carême*
et *Hubert*.
2 CUIVRES. Haut. 44 cent. sur 31.

274. DANSE DE JEUNES CRÉOLES ; — et SUJET INDIEN.
Deux planches sans aucuns titres gravées au pointillé par *A.-M. Picot*, d'après *Brunias* et *Kettlc*.
2 CUIVRES. Larg. 56 cent. sur 45.

**275. Le REPOS DE VÉNUS CARESSÉE PAR L'AMOUR ; — et
le SOMMEIL.** Deux sujets de femmes nues et couchées, sans aucuns titres ni noms d'artistes. Planches gravées au burin.
2 CUIVRES. Larg. 44 cent. sur 37.

**276. La NOUVELLE HÉLOYSE ; — et la DOUCE MÉLAN
COLIE.** Deux planches gravées au burin par *Hubert*,
la première d'après *Lefebvre*, et la deuxième
d'après *Vien*.
2 CUIVRES. Haut. 41 cent. sur 30.

277. Deux sujets de la vie d'HÉLOISE et d'ABEILARD,
d'après *J.-B. Huct*; planches au pointillé par
Elisabeth Chaillou et *Petit*.
2 CUIVRES. Haut. 49 sur 37.

278. Suite de quatre sujets de l'histoire de PAUL et
VIRGINIE. Planches gravées au pointillé par *Petit*,
d'après des gouaches de *Guinet*.
4 CUIVRES. Larg. 42 cent. sur 31.

⚯

SUJETS DE L'ÉCRITURE SAINTE,

Tirés de l'Ancien et du Nouveau Testament,

LA PLUPART

**D'après les Maîtres de l'École française, par les plus célèbres
Graveurs français des XVI, XVII et XVIIIe siècles.**

⚯

279. MOISE, représenté en demi - figure et la tête
rayonnnante, tenant de la main gauche les Tables de

la loi sur lesquelles sont écrits les commandemens de Dieu, et tenant de la main droite sa verge appuyée sur l'épaule. Planche gravée au burin par *Robert Nanteuil* et *Gérard Edelinck*, d'après *Philippe de Champagne*. Sur la face de la console de support, on lit : *Le sommaire de la loi et des prophètes : Aime Dieu de tout ton cœur et ton prochain comme toy-mesme »* Et au dessous à gauche : *peint par Philippe de Champagne ;* et à la suite : *gravé par R. Nanteuil et le chevalier Edelinck C. P. R. 1699.* Dans la marge : A messire Achille de Harlay, premier président..... P. G. F. n° 1. de l'œuvre de *R. Nanteuil.* (IVᵉ vol. pag. 49), et n° 2 de l'œuvre de *G. Edelinck* (VIIᵉ vol. pag. 176).

CUIVRE. Larg. 57 cent. sur 42.

280. LE SERPENT D'AIRAIN, d'après *Charles Le Brun*, planche gravée par *B. Audran.* Pour titre à gauche : *tædere cœpit populum... sanabantur* en trois lignes ; et à droite la traduction en français.

1 CUIVRE. Larg. 73 cent. sur 59.

281. Deux sujets d'après le même : « LES FILLES DE JETHRO DÉFENDUES PAR MOISE, pour titre on lit : « *le sacrificateur de Madian avait sept filles... boire leurs troupeaux ;* — et LE MARIAGE DE MOISE AVEC SEPHORA. Pour titre : *« Les filles de Jethro ayant raconté... Sephora, fille de Jethro. »* Planches gravées par *B. Audran.*

2 CUIVRES. Larg. 68 cent. sur 56.

282. Deux sujets d'après *Antoine Coypel* ; ADAM ET ÈVE. Pièce sans titre ; seulement une dédicace par Drevet à Monseigneur le *marquis de Beringhen*

avec armoiries au milieu; — Et le SACRIFICE D'A-BRAHAM; pour titre : *nunc cognovi... tuo propter me.* On lit plus bas : *dedié à Monseigneur le duc de Noailles... vice-roi de Catalogne, par Ant. Coypel.* Planches gravées par *P. Drevet le fils.*

2 CUIVRES. Larg. 73 cent. sur 55.

283. Deux sujets d'après le même; SUZANNE *accusée par les vieillards*, estampe sans titre; dans la marge on lit en une ligne : *A son Altesse Royale Monseigneur le duc d'Orléans.* Cette dédicace par Antoine Coypel, est séparée au milieu par les Armoiries du Prince; — Et *le sacrifice de Jephté;* pour titre : *quot victimæ in unâ!* Et plus bas en deux lignes, une Dédicace à *D. Eduardo Colbert* par *Antonius Coypel.* Titre et Dédicace séparés par les armoiries. Planches gravées au burin, la première par *Joan Bap. Poilly,* et la seconde par *Gasp. du Change.*

2 CUIVRES. Larg. 73 cent. sur 55.

284. ESTHER DEVANT ASSUÉRUS, d'après *Nicolas Poussin;* planche gravée par *François de Poilly. sous le titre on lit : Se vend à Paris, chez Poilly.*

1 CUIVRE. Larg. 69 cent. sur 54.

285. Suite de quatre sujets de l'histoire *d'Esther et d'Assuérus*, numérotés dans le bas de la marge à droite de 1 à 4. Planches gravées par *J. Haussard,* d'après *F. Verdier.* On lit pour titre de la planche N° 1, à gauche, en trois lignes « *adamavit eam rex... in loco Vasthi*, et à droite se trouve la traduction en français.

4 CUIVRES. Larg. 41 cent. sur 30.

286. Deux sujets d'après *N. Vleugels*; le premier ayant pour titre, à droite, en deux lignes : *Abigaïl ayant aperçu David.... prosterna devant lui;* — Et le second, en trois lignes : Le *Roi Salomon aima... déplaisait au Seigneur.* Planches gravées par *E. Jeaurat.*

Deux autres sujets d'après *S. Jeaurat ;* le premier ayant pour titre, à droite : *Laban cherchant ses dieux que Rachel lui avait dérobés : —* Et le second : *Jacob se prosterne aux pieds d'Esaü qui l'embrasse en pleurant.* Planches gravées par *J. Aubert.*

4 Cuivres. Larg. 50 cent. sur 37.

287. Le frappement du rocher, d'après *Nicolas Poussin.* Dans la marge on lit pour titre en une seule ligne : *La terre a tremblé... d'abondantes fontaines.* » Dans le travail à gauche on lit : *Poussin pinxit*, et vers la droite : *A Paris, chez L. F. Cars, rue St-Jacques.*

1 Cuivre. Larg. 76 cent. sur 54.

288. Deux sujets d'après le même, savoir : l'adoration du veau d'or, planche gravée par *J. B. de Poilly.* Pour titre : « *Peuple fou et insensé est-ce-là.... ton Dieu?* Et au dessous la traduction en latin ; — Et *Moïse brisant les Tables de la Loi;* à gauche, on lit pour titre, en cinq lignes : « *Le peuple voyant que Moyse... les lui avait données;* » Et à droite la traduction en latin. Dans le travail, à gauche, au dessus d'un tambour de basque : *A Paris, chez J.-F. Cars.*

2 Cuivres. Larg. 70 et 73. cent. sur 56.

288. L'ANNONCIATION OU LA SALUTATION ANGÉLIQUE,
d'après *Nicolas Poussin*, planche gravée au burin
par *Gerard Edelinck*, la Sainte Vierge est pros-
ternée à gauche et l'archange Gabriel du côté
opposé ; l'Éternel plane au haut dans une gloire
d'anges, dont plusieurs répandent des fleurs.
Dans la marge on lit pour titre : *Ecce ancilla Do-*
mini, fiat mihi secundum verbum tuum. Luc. 2; et
au dessous : *à Paris chez Aliamet, graveur du*
roi, rue des Mathurins ; à gauche *N. Poussin pin-*
xit. G. Edelinck sculp. P. G. F. N° 3. (VII° vol.
pag. 177).

1 CUIVRE. Larg. 46 cent. sur 39.

289 *bis. Le même sujet* d'après le *Dominicain.* (Zampieri, Domenico dit). Planche gravée au burin
par Claude *Duflos*, pour titre on lit dans la marge,
à gauche : *Voici la servante du Seigneur, qu'il*
me soit fait selon votre parole ; et à la suite, sur
la même ligne : *Ecce ancilla.. verbum tuum. Luc.*
1. v. 36; et au dessus, au milieu de la marge :
présentement chés Buldet. On lit dans le travail à
gauche : *Dominicain pinxit;* à droite : *Duflos*
sculp., et au milieu : *A Paris, chez Audran,*
aux 2 piliers d'or, avec privil. du Roy.

1 CUIVRE. Haut. 65 cent. sur 44.

290. Deux sujets pouvant faire pendant, savoir : La
PRÉSENTATION AU TEMPLE d'après *Charles Le Brun.*
Pour titre, on lit dans la marge à droite, sur une

seule ligne : *Oblatus est quia ipse voluit,* et à la suite : *Il a été offert parce qu'il a bien voulu l'être.* Dans le travail on lit à droite : *C. Le Brun pinxit ;* et à droite : *Audran fecit et excud. cù privil. Regis ;* — et LA CIRCONCISION d'après *Pierre Mignard.* Dans la marge on lit pour titre : *Vocatum est nomen ejus Jesus,* et au dessus une dédicace en deux lignes par Mignard à Maurice Le Tellier, archevêque duc de Rheims. Deux planches de forme cintrée, gravées au burin, la première par *Audran,* et la seconde par *G. Scotin.*

2 CUIVRES. Haut 74. et 68 cent. sur 41 et 44 cent.

291. La PRÉSENTATION AU TEMPLE, d'après le Tableau de *L. de Boulongne.* Planche gravée au burin par *P. Drevet,* pour titre : Dédicace à Louis de Pardaillan, duc d'Epernon : « *Excellentissimo nobilissimo que... Franciæ Pari.* » En une seule ligne séparée par les armoiries de ce personnage.

1 CUIVRE. Larg. 68 cent. sur 57.

292. L'ENTRÉE DE JÉSUS-CHRIST DANS JÉRUSALEM, grande pièce d'après *Ch. Le Brun,* gravée par *Charles Simonneau.* Pour titre, à gauche : « *Exulta satis filia Sion.... super pullum asinæ,* » en trois lignes ; à droite la traduction en français ; au milieu les armoiries et la dédicace à *M. d'Argouges.*

1 CUIVRE. Larg. 80 cent. sur 59.

293. JÉSUS GUÉRISSANT LES MALADES, d'après *Jean Jouvenet.* Planche gravée par *L. Desplaces ;* pour

titre, à gauche : « *Et cum cognovissent eum.. salvi facti sunt,* » en trois lignes, et à droite, la traduction en français, et se vend à Paris, chez Desplaces.

1 CUIVRE. Larg. 82 cent. sur 58.

294. **JÉSUS-CHRIST POUR NOTRE SALUT SE DÉVOUE AUX SOUFFRANCES DE LA PASSION** dont les instruments lui *sont présentés par les anges.* Pour titre : (*o vos omnes qui transitis... dolor meus* ». Planche gravée au burin par *P. Vandrebane,* d'après *Sebastien Bourdon,* avec l'adresse de Pierre Mariette.

1 CUIVRE. Haut. 52 cent. sur 42.

295. **JÉSUS AU JARDIN DES OLIVIERS,** consolé par les anges, d'après *Restout.* Pour titre on lit, dans la marge, en trois lignes : *Et ipse avulsus.... prolixius orabat;* — Et **LA RÉSURRECTION,** d'après *F. J. Andray,* pièce sans titre, seulement on lit une dédicace par P. Drevet fils à M. d'Argouges : *Illustrissimo et nobilissimo.... Domino de Fleury.* Deux sujets faisant pendant, gravés au burin , par *P. Drevet fils.*

2 CUIVRES. Haut. 59 cent. sur 42.

296. **JÉSUS CONDUIT AU CALVAIRE,** succombant sous le poids de la croix. Grande composition d'après *Mignard,* gravée par *Audran.* Planche sans aucun titre ; seulement on lit une inscription sur une tablette placée dans le bas de l'estampe, et au milieu : (*Mignard Trecensis in. et pinxit. Audran*

sculpsit et excudit. Cum privil. Regis). — Et JÉ-
SUS ÉLEVÉ SUR LA CROIX, d'après *Ch. Le Brun.*
Planche gravée par *B. Audran;* pour titre, à gau-
che : « *Sicut Moïses exaltavit... vitam æternam.* »
En deux lignes, à droite, la traduction en français;
au milieu, les armoiries du Roy, avec dédicace.

2 CUIVRES. Larg. 78 et 74 cent. sur 55 et 58 cent.

297. JÉSUS, A GENOUX, LA TÊTE COURONNÉE D'EPINES,
et les mains liées derrière le dos, est traîné au
supplice par ses bourreaux. Planche gravée d'a-
près *Antoine Dieu;* dans la gravure, vers le milieu, on lit : *Paris, Chez L. Cars,* et à gauche :
A. Dieu pinx. Pour titre, dans la marge à gauche, on lit en deux lignes : « *Proprio filio.... no-
bis donavit.* » Et à droite, la traduction en français.

1 CUIVRE. Larg. 77 cent. sur 58.

298. LE CHRIST EN CROIX, d'après *Eustache Le Sueur,*
grande planche gravée au burin en trois cuivres
qui s'assemblent par superposition, avec le nom
de *Edelink* 1 suivi du mot *sculpsit* à droite, pièce
sans titre, seulement dans la marge on lit une
dédicace par *Jaillot* à J. N. de Colbert, archevêque de Rouen : *Illustrissimo ac Reverendissmo
Ecclesiæ etc.....* Dimensions totales de l'estampe
assemblée. Haut. 1 mètre 11 cent. sur 67.

3 CUIVRES pour une seule planche.

299. JÉSUS-CHRIST EN CROIX, d'après le tableau de
Charles Le Brun, planche en hauteur, gravée au
burin par *G. Audran,* sur trois cuivres qui s'assemblent par superposition. Dimensions de l'es-

tampe, haut. 102 cent. sur 62 cent., y compris toutes les marges; et sur le cuivre du bas, se trouve le titre en deux lignes, en latin et en français, séparé par une croix avec auréole : (*Pater in manus tuas...*)

3 Cuivres pour 1 seule planche.

300. JÉSUS-CHRIST EN CROIX, d'après *F. Girardon*, planche en hauteur et cintrée, gravée au burin par *G. Audran*, sur trois cuivres qui s'assemblent par superposition, on lit pour titre, dans la marge sur le cuivre du bas : *Moriens pro sontibus insons;* et au dessous la traduction en français. Dimensions de l'estampe assemblée : Haut. 1 mètre 22 cent. sur 72 cent. de long.

3 Cuivres pour 1 seule planche.

301. LE CHRIST ATTACHÉ A LA CROIX, le serpent mort en entoure le pied; planche gravée au burin par *S. Thomassin, d'après Fr. Girardon.* Pour titre, on lit à gauche (« *En celsa cedes, qua docuit);* et à droite, la traduction en français; au milieu de la marge les armoiries, et une dédicace au cardinal de Noailles, archevêque de Paris.

1 Cuivre. Haut. 66 cent. sur 41 cent.

302. JÉSUS-CHRIST CRUCIFIÉ, sainte Magdeleine est assise au pied de la croix; d'après *Ant. Coypel. P. Drevet, ex.* Planche gravée au burin; pour titre, en une seule ligne, on lit dans la marge : *sic Deus dilexit mundum;* et au dessous : *Dieu a ainsi aimé le monde.*

1 Cuivre. Haut. 60 cent. sur 41.

303. Jésus-Christ attaché a la croix, entouré d'une multitude d'anges et de chérubins. Planche d'après *Charles Le Brun*, *P. Drevet excud.* Pour titre dans la marge on lit à gauche en deux lignes: *Eum qui modico.... et honore coronatum*, et à droite: *Nous voyons celui... qu'il a souffert*, aussi en deux lignes. Au milieu, dédicace au roi : Christianissimo Regi... etc. Au-dessous des titres, en latin et en français, on lit sur quatres colonnes : *Contemple icy chrétien... qu'il est mort.*

1 Cuivre. Haut. 57 cent. sur 38.

304. Le calvaire ; Jésus-Christ crucifié entre les deux larrons, est outragé par ses bourreaux. Grande composition, d'après *Ant. Coypel.* Planche gravée au burin par *P. Drevet.* Pour titre, à gauche, on lit en trois lignes : (« *Tenebræ factæ sunt: obscuratur....... Dei erat iste.* ») Et à droite, la traduction en français. Au-dessous et au milieu : A Paris, chez Audran, rue St-Jacques , à la Ville-de-Paris.

1 Cuivre. Larg. 79 cent. sur 58.

305. Jésus-Christ élevé sur la croix entre les deux larrons, grande pièce d'après *Nicolas Poussin*, gravée au burin par *Claudine Stella.* Planche sans aucun titre ; on lit à gauche, dans l'estampe : *N. Poussin pinxit, ex musæo Auth. Stella. Parisijs. Et à la suite sur la même ligne : Claudia Stella, sculp.*, et au milieu de la marge : *A Paris,*

ches *Roguié, rue St-Jacques, au Boisseau-d'Or.*
C. P. R.

1 CUIVRE. Larg. 79 cent. sur 58.

306. JÉSUS MORT SUR LA CROIX. Christ en croix ayant ce titre, d'après *Ch. Le Brun.* Planche gravée au burin par *N. de Poilly.*

1 CUIVRE. Haut. 67 cent. sur 47.

307. JÉSUS-CHRIST EN CROIX, d'après *Carle Maratte.* A ses pieds se trouvent des os et une tête de mort. Pour titre, on lit, en une seule ligne : « *Vere Languores..... ipse portauit* ». Dans la gravure, au bas, à gauche, on lit : *Carolus Maratus pinxit. Romæ jn ecclesia S. Isidori,* et à droite, au pied de la croix, l'adresse de Vallet, presque effacée. Haut. 57 cent. sur 42.

Autre CHRIST EN CROIX ; composition sans aucune autre figure. Au lieu de titre, on lit une dédicace au chancelier d'Aligre en deux lignes, séparées par les armoiries de ce personnage : « *Illustrissimo viro domino.... offixi tabellam* ». Haut. 68 cent. sur 44.

2 CUIVRES. Un seul lot.

308. DESCENTE DE CROIX, d'après *Charles Le Brun.* Planche gravée au burin par *Benoist Audran.* Dans la marge, au lieu de titre, on lit une dédicace en trois lignes à Louis-Antoine de Noailles, archevêque de Paris, etc. : *dédié à illustrissime...... de Saint-Cloud et Pair de France, etc. etc.,* par *Audran.* Cette dédicace est séparée par le milieu, par les armoiries de ce personnage. Pièce cintrée.

1 CUIVRE. Haut. 75 cent. sur 42.

309. NOTRE SEIGNEUR JÉSUS-CHRIST DESCENDU DE LA CROIX, d'après *Jean Jouvenet*. Planche gravée au burin par *Alexis Loir*. Pour titre, on lit à gauche : « *Dolor meus super Dolorem.* » Et à droite : «*Ma douleur est au dessus de toute douleur.* »

    1 CUIVRE. Haut. 58 cent. sur 41.

310. LE CORPS DE JÉSUS-CHRIST DESCENDU DE LA CROIX, la tête appuyée sur les genoux de sa mère et entouré des saintes femmes ; d'après *Annibal Carrache*. Planche gravée au burin par *J. L. Roullet*. Pour titre : « *Divino afflatu Correptæ Christo Justa persolvunt.* » à gauche on lit : *Se vend à Paris chez P. Drevet.*

    1 CUIVRE. Larg. 67 cent. sur 60.

311. La VIERGE dite AUX RAISINS. Planche gravée au burin d'après le tableau de *Pierre Mignard* par le même.

    1 CUIVRE. Haut. 53 cent. sur 38.

311 *bis.* SAINTE CÉCILE. Sous ce titre, on lit : « *Sainte Cécile chantait les..... dans la confusion.*» D'après *Pierre Mignard*. Planche gravée au burin par *C. Duflos*.

    1 CUIVRE. Haut. 56 cent. sur 40.

312. LA GRANDE SAINTE FAMILLE SERVIE PAR LES ANGES, d'après *Nicolas Poussin*. Planche gravée par *Jean Pesne*. Pièce sans titre ; on lit à gauche dans la marge couverte maintenant de travaux : *N. Poussin pinxit. R. Ex museo, J. Formont, D. de Venne, J. Pesne del et sculp.* » et plus haut, dans la composition : « *A Paris, chez Drevet, graveur du roy, rue Saint-Jacques, avec privilége.* » Le nom *Drevet* se trouve substitué à celui de *Vallet* qui existait antérieurement. P. G. F. n° 16 (3° v. p. 127).

> 1 CUIVRE. Larg. 66 sur 50.

312 *bis.* **LA SAINTE VIERGE ET L'ENFANT JÉSUS,** à gauche se trouve le petit saint Jean, sujet connu sous le nom du *Silence de la Vierge*, ou *la Vierge au Coussin Vert*; d'après le tableau d'*Annibal Carrache*, qu'on voit au musée royal. Dans la marge on lit pour titre, à droite : « *Ne suscites neque Euigilare facias Dilectum meum. Canticor cant°* » Et à la suite : « *Numquid qui dormit non adijciet at resurgat. Psal. 40.* Planche gravée par *E. Hainzelman.*

> 1 CUIVRE. Larg. 49 cent. sur 43.

313. **L'ASSOMPTION DE LA VIERGE,** d'après *Charles Le Brun.* Planche gravée au burin par *L. Simoneau junior* en 1698. Au dessous du titre, on lit : « *A Paris, chés Basan.*

> 1 CUIVRE. Haut. 69 cent. sur 51.

314. Sept sujets en hauteur cintrés, savoir :

Le **MARIAGE DE LA VIERGE**; pour titre : « *Eminentissimo S. R. E. cardinali Melchiori de Polignac,* etc., etc. » Planche gravée par *Carolus Dupuis,* d'après *Carolus Vanloo;* — La **NAISSANCE DE JÉSUS-CHRIST,** gravé d'après le tableau original de M. *Carle Wanloo,* qui est dans le cabinet de M. le duc de Chevreuse, par *L. Cars;* — La **FUITE EN EGYPTE**; pour titre : « *Dédié à M. Paris Duvernay,* d'après et par les mêmes; — La **NAISSANCE DE JÉSUS-CHRIST**; — et la **FUITE EN ÉGYPTE,** copies en contreparties des deux précédentes planches, à Paris, chez Danisy, rue Saint-Jacques au Chinois ; — SAINTE SCHOLASTIQUE ; — et SAINT BENOÎT. Ces deux dernières planches par *J. Audran,* d'après *Restout.*

7 CUIVRES. Haut. 51 cent. sur 30.

315. La TRANSFIGURATION ; — la MADONE DE SAINT SIXTE ; — et MARIAGE DE LA SAINTE VIERGE. Trois planches gravées au burin, par *Dissart,* d'après *Raphaël.*

3 CUIVRES. Haut. 57 cent. sur 40.

316. La CÈNE, dessinée d'après le tableau de *Léonard de Vinci,* et gravée par *Le Beau.*

1 CUIVRE. Larg. 42 cent. sur 32.

317. Les PRINCIPAUX MIRACLES DE JÉSUS-CHRIST, suite de six sujets, d'après *F. Verdier* ; planches gravées par *J. Haussard.* Suite non chiffrée sur le sujet des NOCES DE CANA, qui est le premier miracle de notre Seigneur. Dans la marge, à gauche, on lit pour titre, en deux lignes : « *Hoc fecit initium.... gloriam suam* » ; et à droite, aussi en deux lignes : « *Ce fut là le premier des miracles.... fit connaitre sa gloire.* Les cinq autres pièces ont également des doubles titres de deux lignes en latin et en français.

6 CUIVRES. Larg. 39 cent. sur 31.

318. La PASSION DE JÉSUS-CHRIST, suite de quatorze sujets d'après *Nicolas Poussin.* Planches numérotées de 1 à 14, gravées par *Claudine Stella.* Les n. 1 à 13 sont sans aucuns titres. Dans la marge à gauche, on lit : « *N. Poussin in et pinx...* » et

à droite : « *Claudia Stella sculp.* » La planche n.° 14, qui est de plus petites dimensions que les autres, a pour titre : « *Vere Languores...... ipse portavit.* »

14 Cuivres. Haut. des n. 1 à 13, 46 cent. sur 34, Haut. du n. 14. 28 cent. sur 20.

319. Suite des quatorze stations de la passion de Jésus-Christ. Planches gravées au pointillé par *Baudran* d'après *Tassaërt.*

14 Cuivres. Haut. 40 cent. sur 28.

SUJETS RELIGIEUX.

Portraits de Saints et Saintes et Canons d'autel.

320. Les **SEPT OEUVRES DE PÉNITENCE** : d'après *Sébastien Bourdon.* Planches gravées au burin par *Audran.*

7 Cuivres. Larg. 35 cent. sur 27.

321. Les **SEPT SACREMENTS**, suite de sujets d'après *Nicolas Poussin.* Planches gravées par *Louis de Chastillon, N. de Poilly. Ex. cum pri. Regis.*

7 Cuivres. Larg. 67 cent. sur 50.

322. **SUITE DES SEPT SACREMENTS.** Savoir : 1° Le **BAPTÊME** (pour titre : *Or, il arrivera.... Mes complaisances*) ; — 2° la **CONFIRMATION** ; — 3° l'**EUCHARISTIE** ; — 4° la **PÉNITENCE** ; — 5° l'**EXTRÊME-ONCTION** ; — 6° l'**ORDRE** ; — et 7° le **MARIAGE** (Pour titre : *l'homme laissera son père... Et en l'Eglise*). Planches sans aucuns noms d'auteurs, seulement avec l'adresse de *Gallays, rue Saint-Jacques, à saint François de Salle.*

7 CUIVRES. Long. 45, sur 36.

323. LES SEPT SACREMENTS, d'après *Nicolas Poussin.* Le BAPTÊME ; — la PÉNITENCE ; — l'EUCHARISTIE ; — la CONFIRMATION ; — l'EXTRÊME ONCTION ; — l'ORDRE ; — et le MARIAGE. Planches gravées au burin.

7 CUIVRES. Larg. 30 cent. sur 22.

324. SAINT LOUIS, en adoration devant la sainte couronne d'épines ; (pour titre : *Qu'il s'élevait en s'abaissant ainsi*) ; — et SAINT CHARLES BORROMÉE, en prière devant un crucifix. (pour titre : *Sævit dira Laes, at resti Colla.....*). Planches gravées au burin par *Gérard Edelinck*, d'après les tableaux de *Charles Le Brun.* Le premier, fait pour la chapelle de M. Pelletier, ministre d'État à Villeneuve-le-Roi ; et le second, pour la chapelle de saint Nicolas, à Paris. P. G F. nᵒˢ 28 et 29, (7ᵉ vol., p. 192 et 193).

2 CUIVRES. Haut. 56 cent. sur 41. Un seul lot.

325. SAINTE MADELEINE repentante, d'après *Charles Le Brun.* Planche gravée au burin par *Gérard Edelinck.* Pour titre : « *Magdaladum gemmas baccisque... arte Deum.* P. G. F. nᵒ 32. » (VIIᵉ vol. pag. 196).

1 CUIVRE. 55 cent. sur 40.

326. SAINT CHARLES BORROMÉE donnant la communion aux pestiférés de Naples ; pour titre : « *Bonus Pastor animam suam dat pro ovibus suis* » d'après l'esquisse terminée de *Pierre Mignard,* commandée pour le maître autel de Saint Charles Cantérani à Naples. Planche gravée au burin par *François de Poilly*. Haut. 65 cent. sur 45 ; — JÉSUS-CHRIST les pieds dans les eaux du Jourdain, recevant le baptême que lui administre saint Jean ; pour titre : « *Venit Jesus ad Joannem ut baptizaretur ab co,* » d'après *Pierre Mignard*.

2 CUIVRES. Haut. 68 cent. sur 45. Un seul lot.

327. SAINTE MADELEINE REPENTANTE par *Flipart* d'après *Ch. Le Brun ;* — Un CHRIST EN CROIX, par *Phlipart l'ainé* d'après *Girardon ;* — la SAINTE FAMILLE, par *N. F. Maviez*, d'après *le Guide ;* — et la COMMUNION DE SAINTE MADELEINE PÉNITENTE, par *Egid. Rousselet*, d'après *J. Stella.*

4 CUIVRES de différentes dimensions.

328. VISION DE SAINT FRANÇOIS, par *Dissard*, d'après *Carrache ;* — la VIERGE dite VIERGE AU SEIN, par *N. Bazin*, d'après *le Corrège ;* — le CHRIST SUR LA CROIX, d'après *Ch. Le Brun ;* — et une SAINTE FAMILLE, sans noms d'artistes.

4 CUIVRES.

329. SAINTE CÉCILE se préparant au martyre en distribuant ses biens aux pauvres ; pour titre « *Quod uni ex his minimis meis fecistis mihi fecistis.* » — et la mort de SAINTE CÉCILE ; pour titre : « *Mihi vivere Christus est, et mori Lucrum.* » Deux planches d'après le *Dominiquin*, gravées au burin ; la première par *François de Poilly*, et la seconde par *J. B. de Poilly.*

2 CUIVRES. Haut. 62 cent. sur 50.

330. **sainte cécile** ; pour titre : « *Sancta Cœcilia.* » d'après le *Titien* ; — et le **couronnement d'é- pines** ; pour titre : « *Christus spinis coronatur.* » d'après *Raphaël.* Deux planches gravées au burin par *David.*

> 2 Cuivres. Haut. 55 cent. sur 57.

331. **sainte génevieve, patronne de paris.** Planche gravée au burin par *J. J. Av^l. (Avril),* d'après *Carle Vanloo.*

> 1 Cuivre. Haut. 54 cent. sur 37.

332. Soixants-six sujets religieux, emblèmes, saints et saintes avec prières et exercices de dévotion dans la marge du bas. Planches gravées par *Renard, Baudran, Geoffroy* et autres, d'après *Blaizot, Charron* et *Tassaert.*

> 66 Cuivres. Haut. 38 cent. sur 28. (Cet article formera 4 lots)

Nota. Ces 66 planches peuvent compléter la collection des mêmes sujets, vendus dans la première partie, sous le n° 126. Voir le catalogue, p. 31.

333. **cachet d'ordination.** Planche gravée par *Renard,* d'après *T. Charon.*

> 1 Cuivre. Haut. 44 cent. sur 29.

334. **canons d'autel** de différents genres et dimensions, savoir : grand Canon dit au Père Eternel ; — petit Canon à vignettes ; — grand Canon dit à Baldaquin ; — idem, en gros caractères ; — petit Canon, fond noir ; — idem, dit crepi ; — idem à vignettes ; — idem, autre à vignettes ; — idem, encore autre à vignettes ; — grand Canon ordinaire sur papier jésus ; — idem commun sur même pa-

pier ; — onze Canons en 38 planches gravées sur cuivres, par *P. Drevet, Blanchard et autres.* Cet article sera divisé.

SUJETS DIVERS.

Histoire et Mythologie.

335. SERMENT DES HORACES. Planche gravée au burin par *Antoine-Alexandre Morel*, d'après le tableau de *Louis David.* Au milieu de la marge, on voit les armoiries de Napoléon qui séparent la dédicace.

> 1 CUIVRE. Larg. 78 cent. sur 65.

336. BELISAIRE ; — et **OEDIPE.** Deux planches gravées au burin par *Alex. Morel*, d'après *David.*

> 2 CUIVRES. Larg. 71 cent. sur 65.

337. Le SOMMEIL DU ROI DE ROME. Planche gravée au burin par *Achille Lefèvre*, d'après *Prudhon.* On lit au milieu de la marge : *Gravé d'après le tableau original.* A gauche : *Prudhon pinx. 1811*, et à droite : *Achille Lefèvre sculp. 1825.*

> 1 CUIVRE. Larg. 61 cent. sur 58.

338. CLORINDE et TANCRÈDE ; — Et **HERMINIE** et le **BERGER.** Deux planches gravées au burin par *Porporati*, d'après *Carle Vanloo.*

> 2 CUIVRES. Haut. 53 cent. sur 39.

339. BELISAIRE, général de l'armée des Romains, sous

le règne de l'empereur Justinien. Planche gravée au burin par *L. S. Bosse*, d'après *Van Dyck*.

1 Cuivre. Larg. 49 cent. sur 42.

340. MORT DU GÉNÉRAL MONTCALM. Planche gravée par *G. Chevillet*, d'après *Vateau*.

1 Cuivre. Larg. 62 cent. 1/2 sur 49.

341. DÉFAITE DU CONVOI PRUSSIEN PRÈS D'OLMUTZ; — et LEVÉE DU SIÈGE D'OLMULTZ. Deux pièces d'après *Aug. Querfurt*; — JOSUÉ ARRÊTE LE SOLEIL; d'après *J. Parocel*, par *Voyez*.

3 Cuivres. Larg. 49 cent. sur 38.

342. DISGRACE DE GABRIELLE D'ESTRÉES; — et RETOUR DE HENRY IV VERS GABRIELLE. Deux planches gravées au burin par *Pinault*, d'après *Chevaux*.

2 Cuivres. Haut. 27 cent. sur 19.

343. MASSACRE DES GRECS; — et DÉBARQUEMENT DES FRANÇAIS. Deux planches gravées en manière noire par *L. Jance*, d'après *Armand*.

2 Cuivres. Larg. 54 cent. sur 43.

344. La MORT D'ADONIS. Planche gravée au burin par *Jacques-Jean Pasquier*, d'après *Gabriel Brizard*.

1 Cuivre. Haut. 61 cent. sur 42.

345. SACRIFICE DE CALLIRHOÉ. Planche gravée par *J. Danzel*, d'après le tableau de *Fragonard*.

1 Cuivre. Larg. 67 cent. sur 55.

346. DIANE et ACTÉON; — et DIANE AVEC SES NYMPHES; deux sujets d'après *Philipaux*, gravés au pointillé par *V. M. Picot*. Les titres sont en anglais.

2 Cuivres. Larg. 43 cent. sur 35.

347. ORPHÉE ; — et le PARADIS TERRESTRE. Deux planches gravées au burin d'après *H. Hondius*. *J. Ph. Le Bas*, direxit.

> 2 CUIVRES. Haut. 46 cent. sur 51.

348. La MORT D'HERCULE ; — et la MORT DE MILON DE CROTONE. Ce dernier sujet sans titre, mais avec dédicace à M. le duc de Richelieu. Deux planches gravées au burin par *J. B. Michel*, d'après *M. A. Challe*.

> 2 CUIVRES. Haut. 43 cent. sur 52.

349. Suite de quatre paysages historiques, avec sujets tirés de la vie de Phocion, d'après les tableaux de *Nicolas Poussin*. Planches gravées au burin.

> 4 CUIVRES. Larg. 67 cent. sur 49.

350. Suite des mêmes sujets, d'après le *même*. Planches gravées au burin par *Simon Vallée*, avec l'adresse de P. Drevet, rue St-Jacques, à l'Annonciation.

> 4 CUIVRES. Larg. 38 cent. sur 50.

351. SCHOLA ATHENIENSIS (ÉCOLE D'ATHÈNES). Grande pièce d'après *Raphaël*, planche gravée par *L. Cossin*.

> 1 CUIVRE. Larg. 76 cent. sur 60.

352. Les BATAILLES D'ALEXANDRE, d'après les tableaux de *Charles Le Brun*. Suite de six planches gravées au burin par *Pierre Picault*.

> 6 CUIVRES, savoir . 2 de 54 cent. 1⁄4 sur 38 ; — 3 de 95 cent. sur 38 — et 1 de 76 cent. sur 38. Plus 6 CUIVRES pour les titres, avec l'adresse de la veuve de F. Chereau, éditeur, et les armoiries royales.

353. Les BATAILLES D'ALEXANDRE, suite de six sujets,

d'après *Ch. Le Brun*. Petites planches gravées au burin par *Audran*.

6 Cuivres, dont 2 de 26 cent. de long. sur 22 ; et les 4 autres, de 42 cent. 1/2 de long. sur 22.

354. Suite des BATAILLES D'ALEXANDRE d'après les tableaux de *Ch. Le Brun*.

6 Cuivres, dont 2 de 0,275 de long. sur 0,205 de haut, et 4 de 0,315 de long. sur 0,205 de hant.

355. COMBAT DES QUATRE CAVALIERS. Planche gravée par *Gerard Edelinck*, d'après *Léonard de Vinci* ; on lit sur la terrasse, vers la gauche : *L. d'la finse pin...* et au milieu : *G. Edelinck sc.* Il n'existe dans la marge aucun titre. P. G. F. W. 44 (7e vol. pag. 203).

1 Cuivre. Larg. 62 cent. sur 48.

VUES DIVERSES.

Paysages, Marines, Batailles, etc., etc.

356. Le PASSAGE DU BAC ; — et L'OCCUPATION DE LA BERGÈRE. Deux planches d'après *N. Berghem*, gravées au burin par *Pierre Laurent*.

2 Cuivres. Larg. 48 cent. haut. 38.

357. Le MARÉCHAL DE CAMPAGNE ; — et l'ABREUVOIR AGRÉABLE ET CHAMPÊTRE. Deux planches d'après *N. Berghem*, gravées au burin par *Le Veau, Marterani* et *Aliamet*.

2 Cuivres. Haut. 49 cent. 1/2 sur 40.

358. GRANDE CHASSE AUX CERFS ; — et le RETOUR A LA

FERME. Deux planches d'après *Nicolas Berghem*, gravées au burin par *J. Aliamet* et *J. Ph. Le Bas*. Larg. 65 sur 50 cent. 1/2. Plus : une autre planche sans titre ; — le REPOS DES TROUPEAUX, également d'après *Berghem*, gravée par *P. P. Aveline*. Larg. 56 sur 50 cent.

3 CUIVRES.

359. ANCIEN PORT DE GÈNES ; — le RACHAT DE L'ES-CLAVE ; — et l'EMBARQUEMENT DES VIVRES. Trois planches d'après *Nicolas Berghem* ; les deux premières gravées au burin par *J. Aliamet* et la dernière par *J. Ph. Le Bas*.

3 CUIVRES. Larg. 65 cent. 1/2 sur 50.

360. Six paysages d'après *Nicolas Berghem* : le MATIN ; —le MIDY ; —l'APRÈS DINÉE ;— et le SOIR. Ces quatre planches gravées au burin par *J. Ph. Le Bas*. Long. 46 cent. sur 37 Plus : le REPOS DU BERGER ; — et les TRAVAUX DE LA BERGÈRE. Ces deux dernières planches sans nom de graveur. On lit dans la marge à droite : « *Le Charpentier Ex.* Larg. 50 cent. sur 41.

6 CUIVRES.

361. Le TEMPS ORAGEUX, d'après *H. Fragonard ;* — et VUE D'UNE PARTIE DU LAC DE TRASIMÈNE, d'après *Guaspre Poussin* ; deux paysages gravés au burin par *J. Mathieu* ; — le RETOUR AU HAMEAU, d'après *Nicolas Berghem*, gravé par *F. Godefroy*.

3 CUIVRES. Larg. 52 cent. sur 43.

362. LE MATIN, planche gravée par *H. Guttenberg*, d'après *Dietricy ;* — L'APRÈS MIDI, par *R. Daudet*,

d'après le même ; — et LE SOIR, par *C Weisbrod.*
et *Dequevauviller,* d'après *Nicolas Berghem.*
   3 CUIVRES. Larg. 49 cent. sur 41.

363. LE VOYAGEUR ALLEMAND ; — et la CHASSE-MARÉE
   ALLEMANDE. Deux planches d'après *Ph. Wouver-*
   mans, gravées au burin par *C. Bacquoy* et *Patas.*
   2 CUIVRES. Larg. 43 cent. haut. 38.

364. RENDEZ-VOUS DE CHASSE ; — et le CHASSEUR
   FORTUNÉ. Deux planches gravées au burin par
   J. Ph. Le Bas. d'après *C. Vanfalens.*
   2 CUIVRES. Haut. 57 cent, sur 42.

365. LA RÉCOMPENSE VILLAGEOISE, d'après *Claude*
   Lorain ; — DÉPART DE CHASSE, — et PRISE DU
   HÉRON. Ces deux pièces d'après *Vanfalens.* Trois
   planches gravées au burin par *J. Ph. Le Bas.*
   3 CUIVRES. Larg. 61 et 64 cent. sur 46 et 50.

366. LA CAMPAGNE ; — et LA MOISSON OU L'ÉTÉ. Deux
   planches gravées au burin par *P. Chenu,* d'après
   Adrien Van de Velde.
   2 CUIVRES. Larg. 52 cent. sur 43 cent. 3/4.

367. VUE DE SCHEVELINGE ; — et VUE DE SANTALIET,
   villages de Hollande. Planches gravées au burin
   par *J. Ph. Le Bas,* d'après *Vandrever.*
   2 CUIVRES. Larg. 45 cent. sur 40

368. Suite de quatre paysages ; savoir : Les ROCHES ;
   — la NAPPE D'EAU ; — la MONTAGNE PERCÉE ; —
   Et la FERME RUINÉE. Planches gravées au burin par
   Pierre Bénazèch, d'après *Diétricy.*
   4 CUIVRES. Larg. 52 cent. 1/4 sur 39 cent. 1/2.

369. Quatre paysages d'après *Jean Pillement ;* l'ANE
   OBSTINÉ. Planche gravée par *F. S. Ravenet ;* —

l'ABREUVOIR DES RUINES, par *P. C. Canot;* — les VOYAGEURS EN MARCHE ; et le REPOS DES VOYAGEURS, ces deux dernières par *James Mason.*

> 4 CUIVRES, dont deux de 51 cent. de larg. sur 43 de haut. et les deux dernières de 59 cent. de larg. sur 46 de haut.

370. LA CHASSE AU SANGLIER ; et le RETOUR DE LA PÊCHE. Deux planches d'après *Jean Pillement,* gravées au burin par *William Woollett.*

> 2 CUIVRES. Larg. 60 cent. sur 49.

371. LE REPOS DU BERGER ; — LE DOUX REPOS DES BERGÈRES ; —VUE DE MONDRAGON EN DAUPHINÉ ; — et VUE D'ITALIE. Quatre planches gravées par *Pierre Laurent,* les trois premières d'après *Loutherbourg* et la dernière d'après *Roos.*

> 4 CUIVRES. Larg. 47 cent. sur 58.

372. RUINE GRECQUE ; — et RUDERA PRÈS LE SANS SOUCI. Deux sujets d'après *J. P. Panini,* gravés par *J. Ph. Le Bas.* Haut. 47 cent. sur 31.

LES BAIGNEUSES FLAMANDES; — et la MASURE. Deux sujets d'après *Corn. Polemburg,* gravés par *Verendrent.* Haut. 35 cent. sur 32.

> 4 CUIVRES. 1 seul lot.

373. VUE DES CAMPAGNES D'ÉGYPTE ; dans le fond on aperçoit la fuite de la Vierge ; — et VUE DES CAMPAGNES D'ARCADIE. Deux planches d'après *Nicolas Poussin,* gravées par *Lucas* et *Chereau Ex.*

> 2 CUIVRES. Larg. 52 cent. sur 43.

374. ROME ANCIENNE;—et ROME MODERNE. Deux planches gravées au burin par *Daullé,* d'après *Lallemand.*

> 2 CUIVRES Larg. 50 cent. sur 37.

375. LA SOURCE ABONDANTE ; — les OCCUPATIONS DU RIVAGE ; — le ROCHER PERCÉ ; — et la BARQUE MISE A FLOT. Suite de quatre paysages de formes ovales, avec encadrements d'après *Joseph Vernet.* Les deux premières planches gravées au burin par *J. P. Le Bas* et les deux autres par *M. R. Bertaud,*

4 CUIVRES. haut. 55 et 59 cent. sur 40 et 48 cent.

376. VUE DE NAPLES; — et VUE DE PAUSILIPPE PRÈS DE NAPLES. Deux marines d'après *Joseph Vernet,* planches gravées au burin par *J. Ph. Le Bas* et *Robert Daudet.*

2 CUIVRES. Larg. 65 cent. sur 50 cent.

377. Trois marines d'après *Joseph Vernet* : les PÊCHEURS DES MONTS PYRÉNÉES ; — le VAISSEAU SUBMERGÉ ; — et VUE PROCHE DE GÈNES. Les deux premières planches gravées par *J. J. Le Veau* et la dernière par *Godefroy.*

3 CUIVRES. Larg. 49 à 52 cent. sur 40 à 45 cent.

378. VUE DES ENVIRONS DE NAPLES ; — VUE DE LA VILLE D'AVIGNON ; — FÊTE SUR LE TIBRE A ROME ; — et LES DIFFÉRENTS TRAVAUX D'UN PORT DE MER. Quatre planches d'après *Joseph Vernet,* gravées au burin par *J. Duret, P. A. Martini* et *J. Daullé.*
4 CUIVRES. Larg. 75 cent. sur 54.

379. VUE DU PORT DE TOULON, prise du chantier marchand ; — BARQUE GENOISE ET CORVETTE DES ÉTATS-UNIS D'AMÉRIQUE. Deux planches gravées par *Beaujean.*

2 CUIVRES. Larg. 52 cent. sur 37.

380. 1ʳᵉ VUE DU GOLFE DE MESSINE; — 2ᵉ VUE DE MESSINE; — VUE D'UN AQUEDUC PRÈS LA FONTAINE DE VAUCLUSE; — 1ʳᵉ VUE D'AVIGNON; — et 2ᵉ VUE DE NAPLES. Ces cinq pièces d'après *G. De la Croix.*

5 CUIVRES. Larg. 30 à 40 cent. sur 28 à 35.

381. Le REPOS DES BERGERS; — et le RETOUR DES BERGERS, par *Le Beau,* d'après *Sarrazin;* — 1ʳᵉ et 2ᵉ VUES DE CAUDEBEC EN NORMANDIE, par Mˡˡᵉ *de la Bichardière,* d'après *Huet;* — 1ʳᵉ — et 2ᵉ VUES DU PORT DE CADIX, par *F. Dequevauviller,* d'après *N. Ozanne;* — COMBAT ENTRE DES NAVIRES FRANÇAIS ET ANGLAIS; — et GALÈRES DE MALTE... LEUR ISLE, d'après *J.-A. Volaire.* — VUE DU PEC, d'après *Lantara;* — Le BAIN DES VILLAGEOISES, par *J. Le Veau,* d'après *Julliard;* — la FERME, par *P. Benazech,* d'après *F. Boucher;* — et le SABOT CASSÉ.

12 CUIVRES. Larg. 36 à 40 cent. sur 29 à 33 cent.

382. PONT DE LIVOURNE; — VUE DES ENVIRONS DE NARNI EN LOMBARDIE; — VUE DU PORTO ERCOLE; — VUE DE SPOLETTO; — le REPOS EN ÉGYPTE; — CÉLADON ET AMÉLIE; — et CEYX ET ALCYONE. Ces sept sujets d'après *J. Vernet.*

7 CUIVRES. Larg. 30 à 40 cent. sur 28 à 35 cent.

383. RUINES ÉTRUSQUES 1; — et RUINES ÉTRUSQUES 2; — CAMPAGNE DE FLANDRE; — VESTIGES D'ANCIENS MONUMENTS ROMAINS: — OF THE EARL OF BUTE, etc., titre d'un paysage, avec sujet de la fuite en

Egypte ; — le BERGER ITALIEN ; — l'HUMILITÉ
RÉCOMPENSÉE ; — ÉCUEIL DES COTES DE NORWÈGE ;
— FIN D'ORAGE ; — 1ʳᵉ — et 2ᵉ VUES PRÈS DE
LEUBEN SAXE ; — VUE DES ENVIRONS DE ROME ; — les
MULETIERS DES ALPES, — ANCIEN TEMPLE D'EPHÈSE ;
— et VUE ET RUINE D'EPHÈSE. Planches gravées
par *Lebas, Collibert, Le Veau* et autres, d'après
Corn. Polemburg ; *Bart. Brcenberg, Backuysen,
Bon Peters, Dietricy, Widenhaver, Both* et *B.
Breenberg.*

15 CUIVRES. Larg. 29 à 45 cent. sur 24 à 35 cent.

384. CHASSE AU TIGRE ; — et CHASSE A L'OURS. Deux
planches gravées au burin par *J.-J. Flipart,*
d'après *F. Boucher* et *Carle Vanloo.*

2 CUIVRES. Haut. 51 cent. sur 37.

385. L'ATTAQUE FÉROCE ; — COMBAT DOMESTIQUE ;—
la BONNE CHÈRE ; — et le MÉRITE SUPERFICIEL.
Quatre sujets d'animaux d'après *Oudry.* Planches
gravées au burin par *Mar, Demarteau l'aîné,* et
Guyar.

4 CUIVRES. Larg. 39 cent. sur 31.

386. CHASSE AU LOUP ; — et CHASSE AU SANGLIER.
Deux planches gravées par *Joullain,* d'après *Desportes* ; larg. 48 cent. sur 39.
Le CERF FORCÉ. Planche gravée par *N.-C. Silvestre,*
d'après *J.-B. Oudry.* Larg. 56 cent. sur 42.
ABOIS DU CERF. Planche gravée par *J.-Ph. Le Bas,*
d'après le même. Haut. 51 cent. sur 37.

4 CUIVRES.

387. La PRISE DE COURTRAY, d'après *Vandermeulen* ;
— et le PASSAGE DU RHIN, d'après *N. Berghem.*

Deux planches gravées au burin par *J.-J. Avril.*

2 CUIVRES. Larg. 72 cent. sur 55.

388. Collection de différentes batailles par les armées françaises depuis 1789 jusqu'en 1814. 43 planches gravées au burin par *Lebeau, Brunellière, Lerouge* et autres, d'après *Naudet* et *Martinet.* Article faisant le complément de la collection des 48 planches du n. 96 de la 1re partie.

43 CUIVRES. Larg. 50 à 56 cent. sur 39 à 45 cent.

389. REVUE DES TROUPES ALLIÉES LE **17** JUILLET **1815**; ENTRÉE DANS LA VILLE DE PARIS DE MARIE-CAROLINE DUCHESSE DE BERRY ; — et GRANDE CÉRÉMONIE DU MARIAGE DU DUC DE BERRY.

3 CUIVRES.

RECUEILS

Suites et Collections diverses.

390. LES LOGES DU VATICAN, ou la BIBLE DE RAPHAEL, suite de 52 pièces, d'après ce maître, gravées à l'eau forte par *Nicolas Chapron.* Plus deux planches pour *frontispice, titre et dédicace par le même,* d'après ses dessins. Sur le frontispice on voit : Nicolas Chapron assis au pied du buste de Raphaël que la Renommée couronne, et qui semble montrer l'inscription suivante tracée sur le piédestal en deux lignes : *Ille hic est Raphaël... moriente mori ;* on lit au dessous, en plus petits caractères

et en quatre lignes : *Non pvlvis non svm Raphaël.* Et enfin, plus bas : *Lutetiæ Parisiorum.* Et dans la marge, en trois lignes : *Ad eximium... utrique diem.* Dans la planche où se trouvent la dédicace et le titre, on lit sur le repli de l'écriteau : *Petrus Mariette excudit.* Les autres qui sont d'après Raphaël, sont numérotées de 1 à 52, avec titres en latin dans les marges. A gauche, sur chacune, R. V. I. Et à droite, N. C. F. 54 planches. Les n. 1, 2, 3 et 4 sont de forme hexagone. Les n. 13, 14, 15 et 16 sont cintrées, et toutes les autres carrées. P. G. F. W. 1 à 52 (VI⁰ vol. p. 215 à 229.)

54 Cuivres.

391. L'ENTRÉE DE L'EMPEREUR SIGISMOND A MANTOUE, gravée en vingt-cinq feuilles, d'après une longue frise exécutée en stuc dans le palais du T. de la même ville, sur un dessin de *Jules Romain*, par *Antoinette Bouzonnet Stella*, suite de 25 planches chiffrées à droite de 1 à 25 : On lit sur la première planche qui est le frontispice, le titre de l'ouvrage, et à droite, sur le soubassement de deux colonnes : *Cette frise a esté faite de stuc soubs la couduite et sur les dessins de Jule Romain, au palais du T. E. dans Mantoue, et gravée par Anthoinette B. Stella.* Et plus bas : *A Paris, aux galleries du Louvre avec privil. du Roy. 1675,* et chez *Chereau* et *Joubert.*

25 Cuivres. Larg. 40 cent. sur 16.

392. LES ARGONAUTES SELON PINDARE, ORPHÉE ET

APOLLONIUS DE RHODES, en vingt-quatre planches inventées et dessinées par *Admus-Jacques Carstens*, et gravées par *Joseph Hoch*, numérotées T. I à T. XXIV. Recueil précédé d'introduction et d'explication des sujets.

24 CUIVRES. Larg. 27 cent. sur 21.

393. Principaux faits de l'histoire de CONSTANTIN, suite de douze sujets, d'après *P.-P. Rubens*, gravées au burin par *N. Tardieu*. Les titres sur chaque planche, sont en latin et en français, et suivis d'explications historiques. 7 planches sont en larg. (42 à 52 cent. sur 35 de haut.) Et les 5 autres en haut (36 cent. sur 31 à 25 cent. de larg.)

12 CUIVRES.

394. Les LOGES DU VATICAN, gravées par *David* et Mlle *Sibire*, son élève, d'après cinquante-deux tableaux de *Raphaël*. Recueil in-4° de vingt planches numérotées de 1 à 20, accompagnées du texte explicatif de la Sainte Bible.

20 CUIVRES. Larg. 25 cent. sur 19.

395. Recueil de différents sujets peints par *Michel-Ange*, au Vatican, dans la chapelle Sixtine. Suite de douze planches numérotées de 1 à 12. Dans la première on lit sur un cartouche placée sur la tête d'un enfant : *M. Ange nella Capella Sistina in Vaticano.*

12 CUIVRES. Haut. 21 cent. sur 17.

396. MUSEUM STATUE ANTIQUORUM. Collections de statues des divers museums de Rome, Naples, Flo-

rence, etc. Suite de 29 planches au trait, numérotées de 1 à 24, contenant ensemble 233 sujets,
plus 2 planches pour le titre et la table.

31 Cuivres. Haut. 21 cent. sur 15.

397. FIGURES ANTIQUES dessinées à Rome, par *François Perrier*; à Paris, chez F. Chereau, rue Saint-Jacques, aux Deux-Piliers-d'Or. Suite de 60 petites planches à l'eau forte numérotées de 1 à 59, plus le frontispice ne portant pas de n°.

60 Cuivres. Haut. 14 cent. sur 9.

398. Suite de sujets dessinés d'après l'antique, par *Edme Bouchardon*, sculpteur du Roi, et gravés à l'eau forte par *De Caylus* (*Anne-Claude-Philippe de Tubière, comte*), terminés au burin par *J.-P. Le Bas*, graveur du Roi. Dix planches y compris celle du frontispice.

10 Cuivres.

399. Recueil d'eaux-fortes, compositions d'après *Gaspard Poussin, Nicolas Poussin*, et *Vander Kabel*, dont la plupart dés tableaux se trouvent en Angleterre dans plusieurs collections. Suite de sujets numérotés de 1 à 44, y compris le titre.

26 Cuivres.

400. Recueil de diverses compositions de *Salvator Rosa*. Recueil in-8, de 59 planches à l'eau forte, sans texte. Sur la première planche on lit: *Salvator Inuenit. Liber primus. A Paris, chez Chereau, rue St-Jacques, aux Deux-Piliers-d'Or.*

59 Cuivres.

401. Recueil de paysages dessinés et gravés à] l'eau-

forte, par *J.-B. Cazin*, numérotés de 1 à 16. Les
n. 13 et 14 sont d'après *H. Robert*.

· 16 CUIVRES.

402. Recueil de différents sujets composés et gravés
au trait par *B. Gagnereaux*, suite de 18 planches
numérotées de 1 à 18.

18 CUIVRES.

403. Suite de PETITE EAU FORTE, *inventée, dessinée* et
gravée par *N. Tanche*, en 1769. (Sic)

8 CUIVRES.

404. Suite de six sujets de jeux de l'enfance. Planches
numérotées 1 à 6, gravées à l'eau forte, savoir : les
N° 1 à 4, par *Ferdinand*, d'après *L. Tettelin;* et
les N° 5 et 6, par M. Mosin, d'après C. Errar. Sur
la planche, n° 1, on lit à droite : *A Paris, chez
J. Mariette, Rue St-Jacques, aux Colonnes d'Hercule;* et sur chacune des cinq autres : *J. Mariette.
Ex. Cum. Privil. Re.*

6 CUIVRES. Larg. 28 cent. sur 21.

405. RECUEILS DE JEUX D'ENFANS, tels que : LA GUERRE;
LA MERELLE; LA BATAILLE, etc., etc., 24 petites
planches.

24 CUIVRES. Larg. 15 cent. 1/2 sur 12.

406. LES VERTVS INNOCENTES OV LEURS SIMBOLES SOUS
DES FIGVRES D'ENFANS, nécessaires aux amateurs
de la muette poésie et de la *pinture parlante.* Recueils de neuf planches gravées par *Ferdinand*,
d'après *Van Obstal*, numérotées de 1 à 9. Sur la
première pièce qui sert de frontispice, on lit sur
la tablette de la console qui supporte le titre : *A
Paris, chez Jean Mariette, Rue St-Jacques aux Co-*

lonnes d'Hercules; au milieu de la marge, ont quatre lignes : « *l'Éloquence en sa.... rencontrer l'abondance;* « à gauche : *Van obstal sculpt. finxit;* et au dessous : *Tetelin delineavit;* à droite : *Ferdinand sculpsit;* et au dessous : *Cum privil. Re.*

9 Cuivres. Haut. 24 à 25 cent. sur 20 à 21 cent.

407. LES EXPRESSIONS DES PASSIONS DE L'AME, *par l'illustre Le Brun, premier peintre de Louis XIV,* suite de 19 planches numérotées de 2 à 20. Plus celle du frontispice portant le N° 1, sur lequel on lit le titre ci-dessus.

20 Cuivres. Haut. 28 cent. sur 20.

408. LES DIFFÉRENTS CARACTÈRES DE TESTES, composées par M. *Lebrun, peintre du Roi,* nécessaires aux amateurs de sculpture et peinture. Recueil composé de 19 planches gravées au trait, numérotées de 1 à 19; plus le frontispice sur lequel on lit le titre ci-dessus.

20 Cuivres.

409. RECUEIL DE DIFFÉRENTES VUES DESSINÉES D'APRÈS NATURE, par Mrs *Robert* et *Fragonard,* Peintres du Roi, dans les environs de Rome et Naples. Six planches gravées à l'eau-forte par *Adélaïde Allou.*

6 Cuivres.

410. LES PORTS DE FRANCE, peints par Joseph *Vernet* et *Hüe*; accompagnés de notes historiques sur chacune des villes où ils se trouvent situés. 1 vol. in-4°, orné de 26 planches, y compris les portraits des peintres.

26 Cuivres.

411. Un cahier de six petites marines, savoir : LA PÊ-
CHE NAPOLITAINE; LA CUISINE AMBULANTE; VUE DE
LA SIOTA, en Provence, etc., d'après *Vernet*, *Lo-
terbourg*, et *Sarasin*.

> 6 CUIVRES. Larg. 0, 175 175 m. sur 0, 120 m.

412. Deux cahiers de douze planches, savoir : 2ᵉ SUI-
TE DE PETITS GROUPES DE FIGURES, par *Bout*; — Et
3ᵉ SUITE, GROUPES DE PETITES FIGURES, par *Legrand*.

> 24 CUIVRES. Larg. 22 cent. sur 18.

413. RECUEIL DE LIONS, dessinés d'après nature par
Rembrandt et *B. Picart*, qui les a gravés en
1828. Suite composée de 42 planches; savoir :
30 de 12 cent. de larg. sur 12 de haut et de 11
cent. de long. sur 7 haut.

> 42 CUIVRES.

414. RECUEIL DE DOUZE ESPÈCES DE CHIENS DE CHASSE.
12 planches gravées au burin, par *Lebas*, d'après
Desportes.

> 12 CUIVRES.

415. Un cahier ayant pour titre, sur la première
planche : LIVRE DE DIFFÉRENTS SUJETS DE FIGURES
ET ANIMAUX, par *H. Roos*, suite de huit planches
numérotées 1 à 8, gravées à l'eau forte par *Dunc-
ker*.

> 8 CUIVRES. Larg. 30 cent. sur 21.

416. RECUEIL DE SIX FEUILLES D'ANIMAUX, d'après Henri
Ross. Six planches numérotées 1 à 6, gravées à
l'eau forte par *C. Echard*.

> 6 CUIVRES.

417. RECUEIL DE DIFFÉRENTS ANIMAUX, dessinés et

gravés par *J. Hoüel.* Suite de 17 planches, y compris celle du frontispice sur lequel on lit pour titre : *Cahier de dix-sept planches dessinées par Houël.*

17 Cuivres de 18 cent. sur 24.

418. **recueil de différentes études d'animaux,** gravées d'après les *dessins des* plus *habiles* maîtres, par *Dunker*, et terminés au burin par *Huquier.* 12 planches numérotées 1 à 12.

12 Cuivres.

419. **etudes de chevaux peints d'après nature ,** par *Agasse* et gravés par N. *Schenker.* Suite des six planches à l'eau forte.

7 Cuivres. Y compris celui du titre ci-dessus.

420. Suite de différentes races de chiens. Cahier de six planches numérotées de 1 à 6 ; sur la première est écrit pour titre : nouveau livre d'animaux.

6 Cuivres. Larg. 57 cent. sur 26.

421. vue de l'arc de triomphe, élevé sur la Place du Carrousel à la gloire de la Grande-Armée , d'après les dessins de *Fontanes* et *Percier*, en 4 planches, savoir : 1° façade du côté de la rue impériale (Carrousel); 2° façade du côté du palais impérial des Tuileries ; 3° partie latérale du nord, et partie latérale du midi. Ces deux dernières sur le même cuivre ; plus façade du Louvre, prise du côté de la place St-Germain-l'Auxerrois.

4 Cuivres.

ÉTUDE ET PRINCIPES DE DESSIN

en tous genres.

422. Six cahiers de principes élémentaires de dessin, par *Regnault*, et gravés par divers à la manière du crayon.

36 CUIVRES. haut. 32 cent. Long. 26.

423. PORTRAIT EN BUSTE DE NAPOLÉON. Planche gravée à la manière du crayon. Titre : *Napoléon premier, Empereur des Français et Roi d'Italie.*

1 CUIVRE. Haut. 50 cent. sur 36.

424. GUERRIER ÉCOSSAIS ; — ALBIN ; — CORIOLAN ; — TULLUS ; — AUFIDE ; — et ERATO.

Six têtes d'études, gravées à la manière du crayon, par *Bertrand.*

6 CUIVRES.

425. SAINT-JEAN DE LA CROIX ; — LE MARTYRE DE SAINTE AGNÈSE ; — SAINTE ANNE, — SAINT JÉROME ; — JÉSUS SOUFFRANT ; — LA MODESTIE ; — EUCHARIS ; et ALEXANDRINE SAINT AUBIN.

Huit têtes d'études gravées à la manière du crayon, par *Demarteau, Cazenave, Carrée, Lambert, Donas* et *Lefebvre.*

9 CUIVRES, y compris le 2ᵈ de Saint-Jean qui s'imprime à deux planches.

426. Mᵐᵉ DE MAINTENON ; — Mᵐᵉ DE SÉVIGNÉ ; — JEANNE D'ARC ; — LOUISE LABÉ, SURNOMMÉE LA BELLE CORDIÈRE ; — CHARLES X ; LOUIS XVIII ; — DUCHESSE D'ANGOULÊME ; — PIE VII ; — et LÉON XII.

Neuf têtes d'études gravées à la manière du

crayon , par *Ruotte*, *Perrot*, *Carrée* et *Badoureau*.

9 Cuivres.

427. 10 têtes d'études, d'après *l'Antique*, d'après
Raphaël et autres. Planches gravées à la manière
du crayon, par *Carrée, Cazenave, A. Legrand,
Girard, Noël* et *Simon*.

10 Cuivres.

428. 12 têtes d'études. — HENRI IV ; — ANDRÉ ; —
FANCHON ; — LA GRANDE PARURE ; — EUGÉNIE ; —
ÉLIZA ; — THALIE ; — MINERVE ; — LE LEVER ;
— LE COUCHER ; — L'AIR ; — et LA DANSE. Planches
gravées à la manière du crayon, par *Girard,
Bertrand, Badoureau, Massol, Perrot* et *Sauvé.*
12 Cuivres.

429. 12 têtes d'études : SAINTE VIERGE ; — L'ENFANT
JÉSUS ; — SAINTE MARIE ; — SAINT JACQUES ; —
SAINT JEAN ; — SAINT PIERRE et SAINT SIMON ;
— EMPEDOCLE ; — MOYSE ; — RACHEL ; — MARDO-
CHÉE ; — RUBENS ; — et VAN DYCK. Planches gra-
vées à la manière du crayon, par *Bertrand , Ca-
zenave, Girard, Parizeau* et *Ruotte.*
12 Cuivres.

430. ALEXANDRE ; ARIADNE ; — ARMIDE ; — BAC-
CHANTE ; — CREUSE ; — VESTALE ; — MINERVE ; —
HIPPOLYTE ; — PHÈDRE ; — GUERRIER ROMAIN ; —
EUPROSINE ; — HÉBÉ. 12 têtes d'études gravées à
la manière du crayon, par *Girard* et *Charpentier.*
12 Cuivres.

431. MARCUS SEXTUS; 1e et 2e têtes d'études d'après *Raphaël,* — LES HORACES; — LES FILLES DE BRUTUS; — TÊTE DE VAINQUEUR; — TÊTE DU PÈRE DES HORACES; — ADONIS; — NYMPHE DE FLORE; — LES CARESSES RÉCIPROQUES; — FILLE DE NIOBÉ; TÊTE DE BACCHUS (de forme ovale sans titre). 12 études gravées à la manière du crayon par *Ruotte, Carrée, Petit, Girard, Demarteau* et *Alix.*

12 CUIVRES.

432. TÊTE DE CHRIST; — ABEILARD; — HÉLOISE; J.J. ROUSSEAU; — FRANKLIN; — PAUL; — VIRGINIE PÉRISSANT; — NINON DE LENCLOS; — MARIE - ANTOINETTE; — LOUIS XVI; NIOBÉ. Douze têtes d'études de forme ovale, gravées à la manière du crayon, par *Cazenave, Alix* et *Lucien.*

12 CUIVRES. Haut. 57 cent. Long. 45.

433. Seize têtes d'études, par différents graveurs, savoir : AMÉLIE; — TÊTE DE L'AINÉ DES HORACES ; — Mme DE LA VALLIÈRE ; — SAINTE CÉCILE ;—TERPSICHORE; — MÈRE DES FILS DE BRUTUS; — TÊTE DE LA CAMILLE; — JEANNE D'ARAGON; — TÊTE DE FEMME; — TÊTE DE BACCHUS; — VIRGINIE; TÊTE DE FEMME; — UNE VESTALE; — LA RELIGION; — Etude d'après *Jules Romain,* et Etude de deux Têtes, d'après *Raphaël.*

16 CUIVRES.

434. Têtes d'Études, savoir : BRUTUS; — CORIOLAN ; — HERMINIE; VALERIUS — TIBERIUS GRACCHUS;— ALEXANDRE; — *(d'après Lebrun);* — ALEXANDRE *(d'après Lemire);* — EPHESTION; — ALCIBIADE; — PAUL EMILE; —SCIPION L'AFRICAIN; — ARISTOPHA-

NE; — HECTOR; TRANCRÈDE; — CLORINDE; — et
L'AGE MUR. Planches gravées à la manière du
crayon, par *Badoureau, Bourgeois, Bertrand,
Cazenave. Massol, Perrot* et *Petit.*

16 CUIVRES.

435. ÉTUDES ACADÉMIQUES ET ANATOMIQUES DE L'HOM-
ME, d'après *Bouchardon.* Planches gravées à la
manière du crayon, par *Guillet.*

4 CUIVRES. Haut. 52 cent. sur 24.

436. SAINTE SCHOLASTIQUE ; — SAINT PROTAIS ; —
GENTIL, DÉCHIRANT SES LIVRES, d'après *Eustache
Lesueur;* — ET JÉSUS ENDORMI, d'après *Raphaël.*
4 planches gravées au pointillé et à la manière du
crayon, par *Schenker.*

4 CUIVRES.

437. Suite de 36 Etudes de Têtes, d'après le Tableau de la Cène de *Léonard de Vinci..* Planches
chiffrées de 1 à 36, gravées par *Augrand, Louis
Gerbo et autres.*

36 CUIVRES. Haut. 31 cent. sur 22.

438. Deux études de têtes de chevaux, vues de profil et
de face, d'après *Carle et Vernet,* gravées par la
manière du crayon par *Demarteau.*

2 CUIVRES. HAUT. 55 cent. Larg. 39 cent.

439. Quatre études d'animaux : TAUREAU; — VACHE;
— CHÈVRE ; — ET TAUREAU FURIEUX. Planches
gravées à la manière du crayon, par Mlles *Papa-
voine et Petit,* d'après *Paul Potter.*

1 CUIVRES.

TABLEAUX

Historiques, Statistiques, Chronologiques et autres.
Jeux divers.

440. TABLEAU GÉNÉRAL DE LA FRANCE, embrassant sous un même point de vue et avec la plus grande précision les parties physique, statistique, politique, administrative et historique, dressé selon les documents officiels et autres, les plus récents et les plus exacts publiés jusqu'à ce jour. Par *Chandelet*, professeur de géographie et d'écritures. Planche gravée en taille douce.

1 CUIVRE. Larg. 99 cent. sur 60.

441 TABLEAU CHRONOLOGIQUE ET POLITIQUE DE L'HISTOIRE DE FRANCE DEPUIS LE RÈGNE DE LOUIS XIV JUSQU'EN 1814, avec les personnages les plus célèbres, par M. *Léon Clos*.

Le même tableau, depuis 1814 jusqu'en 1831, par le même auteur.

Planches gravées en tailles douces par *Pelicier*.

2 CUIVRES. Haut. 85 et 88 cent. sur 58 et 59 cent.

442. Tableau du pair des monnaies et des changes des principales villes de l'Europe.

1 CUIVRE. Larg. 95 cent. sur 64.

443. Tableau de tous les pavillons que l'on arbore sur les vaisseaux dans les quatre parties du monde.

1 CUIVRE. Larg. 97 cent. sur 60.

444. 1° Tableau analytique des principes les plus familiers de l'hygiène générale, applicables à l'entretien de la santé et à la conservation des *Chevaux*.

2° *Tableau analytique des muscles du cheval ;*

exposé succinct des agents actifs des mouvements, pour servir à l'étude des variétés diverses que la contraction ou le repos des muscles peuvent déterminer dans la forme des parties externes du corps de cet animal.

3° Analyse synoptique du squelette du cheval : description des parties qui le composent, à l'usage des personnes qui, en peu de temps, veulent acquérir des notions certaines sur les formes extérieures et le mécanisme des mouvements de cet animal.

4° Tableau démonstratif et instructif de l'extérieur du *cheval*, indiquant ses bonnes et mauvaises qualités, indispensable aux personnes qui dans la nécessité de se procurer des chevaux se trouvent obligées de se confier à des mains étrangères.

5° Tableau indicatif des maladies du cheval et des remèdes qu'on peut appliquer selon les maux et accidents.

Ces tableaux composés et exécutés par MM. *Pelletier* et *Gogion*, officiers de cavalerie.
5 Cuivres. Larg. 82 à 99 cent. sur 65 cent.

445. Jeux dans le genre ou à l'imitation de l'ancien noble jeu de l'oie, savoir : 1° Des *Antiques*; — 2° des *Cris de Paris*; — 3° des *Cosaques*; — 4° des *Costumes des dames françaises*; — 5° des *Écoliers*; — 6° des *Fables de Lafontaine*; — 7° des *Fleurs*; — 8° Jeu historique de la vie de Napoléon; — 9° de l'histoire de France; — 10° de l'histoire de l'Ancien Testament; — 11° d'Histoire naturelle; — 12° Militaire; —

13º des Monuments français ; — 14º de la Marine ;
— 15º de Récréation spirituelle.
15 Cuivres de diverses dimensions.

CALLIGRAPHIE

ou Principes et Modèles des différentes espèces d'Écritures.

446. CAHIER DE CALLIGRAPHIE EN QUATRE GENRES ; *coulée, bâtarde, ronde et anglaise, par Werdet père, professeur à l'École normale primaire d'enseignement mutuel à Paris.* Suite de 16 planches numérotées de 1 à 16, gravées par *d'Avignon.*
17 Cuivres. Y compris celui du tItre.

447. TRAITÉ DE L'ÉCRITURE ANGLAISE, d'après *Tomkins.* Cahier de douze planches gravées par *d'Avignon.*
13 Cuivres.

448. CAHIER D'ÉCRITURES FRANÇAISES ET ANGLAISES, *Posées et expédiées par Jérôme Letellier, professeur à Rouen.* Suite de 12 planches numérotées de 1 à 12, plus une autre planche pour le titre.
13 Cuivres.

449. ÉCRITURE ANGLAISE DANS SA PERFECTION, par *Lépine,* artiste calligraphe, breveté par le Roi, le 8 août 1834. Cahier de douze planches gravées par *d'Avignon.*
12 Cuivres.

450. Collection de trois cahiers de modèles d'*écritures anglaises,* par *d'Avignon,* de douze planches chacun. Les deux premiers numérotés 1 et 2, et le troisième sans numéro.

39 CUIVRES. Y compris ceux des titres des couvertures:

451. ÉCRITURE ANGLAISE ORNÉE, cahier de douze planches, par *Dublar*, gravées par *d'Avignon*.

13 CUIVRES. Y compris celui de la couverture.

452. CAHIER *de chiffres et de lettres majuscules*, par *Marcillet*. Suite de sept feuilles numérotées de 1 à 7.

8 CUIVRES.

ATLAS. CARTES GÉOGRAPHIQUES, MAPPE-MONDE, PLANISPHÈRES, ET PLANS.

453. ATLAS DE LA GÉOGRAPHIE ANCIENNE ET MODERNE, par *de Simencourt, ingénieur, revu et corrigé par Fremin, géographe*. Composé de quarante-sept cartes. Formant un vol. grand in-4°.

47 CUIVRES.

454. PLANISPHÈRE CÉLESTE AUSTRAL ; — et PLANIS-PHÈRE CÉLESTE BORÉAL, projetés sur le plan de l'équateur, par le père *Chrysologue de Gy*. Deux planches revues et augmentées par l'auteur.

2 CUIVRES. Haut. 74 cent. sur 67.

455. La SPHÈRE ARTIFICIELLE *élevée sur l'horizon de 49 degrés*, latitude de Paris. Planche avec l'explication des différents systèmes. Édition revue en 1836.

1 CUIVRE. Larg. 74 cent. sur 50.

456. **MAPPE-MONDE EN DEUX HÉMISPHÈRES,** *dressée d'après les dernières découvertes par A. R. Fremin, géographe.* Planche gravée par *J. B. Tardieu.* Et les écritures par *Pelicier.*

1 CUIVRE. Larg. 92 cent. sur 64.

457. MAPPE-MONDE *d'après les découvertes les plus récentes; par J. B. Poirson, géographe. 1834.* Planche gravée par *G. Lemaître,* et les écritures par Mme veuve *Lamothe.*

1 CUIVRE. Larg. 97 cent. sur 56.

458. MAPPE-MONDE EN DEUX HÉMISPHÈRES , *rédigée d'après les découvertes les plus récentes, dressée par Hérisson, géographe.* Paris, 1840. Planche gravée par *J. B. Tardieu.*

1 CUIVRE. Larg. 80 cent. sur 57.

459. MAPPE-MONDE DIVISÉE EN DEUX HÉMISPHÈRES , *avec les découvertes faites dans les derniers voyages. pour servir à l'instruction de la jeunesse, par Hérisson, géographe.* Paris, chez Jean, 1846.

1 CUIVRE. Larg. 76 cent. sur 54.

460. Collection de cartes des quatre parties du globe, dressées par *A. R. Fremin.* Géographe, savoir : 1° L'EUROPE, divisée en ses principaux états ; — 2° l'ASIE, d'après les matériaux les plus récents ; — 3° l'AFRIQUE, id.; — 4° et l'AMÉRIQUE, id. Planches gravées par *J. B. Tardieu,* et les écritures par *Pelicier,* avec des échelles de distances en myriamètres et autres mesures locales. Paris, Jean, 1842 et 1845.

4 CUIVRES. Larg. 94 cent. sur 65.

461. Collection de cartes des quatre parties du monde, dressées par *J. B. Poirson*, ingénieur-géographe, savoir : L'europe, d'après le traité de Vienne ; — l'asie, d'après *Arrowsmith ;* — l'afrique, d'après les voyages de *Mungo-Park, Bruce, Hornemann, Brown, Brisson*, et *Borrow ;* — et l'amérique, d'après les matériaux les plus récents. Planches gravées : les trois premières par *J. B. Tardieu*, et les écritures par *Miller;* et la dernière par *G. Lemaître*, et les écritures par Mme veuve *Lamothe*.

4 Cuivres. Larg. 94 cent. sur 67.

462. Collection de cinq cartes dressées pour l'instruction de la jeunesse, par *Hérisson*, géographe, savoir : 1° carte routière de l'europe, divisée en ses principaux États suivant les derniers traités de paix ; — 2° celle de l'asie, divisée en ses principaux Etats ; — 3° celle de l'afrique, idem ; — 4° celle des deux-amériques, idem ; — et 5° celle de l'océanie, comprenant : la *Malaisie,* la *Micronésie,* la *Mélanésie* et la *Polynesie.* Cette dernière carte revue et corrigée par *Fremin.* Ces cinq planches publiées en *1846,* avec des échelles de distances en myriamètres, et autres mesures locales.

5 Cuivres. Larg. 80 cent. sur 54.

463. Collection de cartes des quatre parties du Globe, dressées par *Hérisson*, géographe ; savoir : 1° des états de l'europe, suivant les derniers traités de paix ; — 2° de l'asie, divisée en ses principaux États avec les découvertes récentes ; — 3° de l'afrique, divisée en ses principaux États ;

— et celle des DEUX-AMÉRIQUES avec leurs nouvelles divisions politiques, d'après les découvertes récentes. Planches gravées par *J. B. Tardieu*, avec les échelles en myriamètres et autres mesures locales.

4 CUIVRES. Larg. 74 cent. sur 55.

464. Deux CARTES dressées par *Hérisson*, géographe, savoir : 1° l'AMÉRIQUE SEPTENTRIONALE, d'après les découvertes de Lewis, Clarke, Franklin, Parry et Scoresby ; — et 2° l'AMÉRIQUE MÉRIDIONALE, avec ses nouvelles divisions politiques. Planches gravées par *J. B. Tardieu*, avec des échelles en myriamètres et autres mesures locales.

2 CUIVRES. Larg. 79 cent. sur 54.

465. Carte routière et politique de l'EUROPE, d'après les derniers Traités de paix, avec les plans des principales villes, par *Hérisson*, géographe. Planche gravée par *J. B. Tardieu*, et les écritures par Mᵐᵉ veuve *Lamothe*, avec les échelles de distances en myriamètres et autres mesures locales.

1 CUIVRE. Larg. 99 cent. sur 64.

466. Carte de l'EUROPE indiquant toutes les routes royales et les distances d'une ville à une autre en lieues de poste de 28 1|2 au degré, où de 2000 toises, par *A. R. Fremin*, géographe. Planche gravée par *J. B. Tardieu* et les écritures par *Pélicier*, avec des échelles en myriamètres et autres mesures locales.

1. CUIVRE. Larg. 75 cent. sur 57.

467. Carte itinéraire et politique d'EUROPE d'après les derniers traités de paix, avec les plans des prin-

cipales villes, par *N. Maire*, ingénieur-géographe. Planche en deux cuivres gravée par *Chamouin* et *B. Tardieu*, et les écritures par *Pélicier*, avec des échelles en myriamètres et autres mesures locales.

2 Cuivres. Dimension totale de la carte. Larg. 1 mètre 11 c. sur 77. (Les Cuivres assemblés côte à côte).

468. Carte de france divisée en 86 Départements, et en Préfectures, Sous-Préfectures, Archevêchés, Évêchés et Divisions militaires, par *Hérisson*, géographe. Planche en deux cuivres qui s'assemblent côte à côte, avec échelles de distances en myriamètres, anciennes lieues de France, de 25 au degré, et lieues marines de 20 au degré.

2 Cuivres. Dimension totale de la carte. Larg. 94 cent. sur 79.

469. Carte de la france, divisée en ses 86 Départements comprenant aussi les chefs-lieux de Sous-Préfectures et les Cantons, par *Hérisson*, géographe, avec échelles de distances en myriamètres, et autres anciennes mesures locales. Planche gravée sur acier, par *J. B. Tardieu*, et les écritures par *Pélicier*. *1846*.

1 Acier. Larg. 81 cent. sur 58.

470. Carte comparée de la france, divisée en provinces et en ses 86 Départements, comprenant aussi les Chefs-lieux, les Sous-Préfectures et les Cantons, par *Hérisson*, géographe, avec échelles en anciennes et nouvelles mesures. Planche gravée par *J. B. Tardieu*.

1 Cuivre. Larg. 80 cent. sur 57.

471. Carte de la france, divisée par province et par départements, pour l'intelligence de l'Histoire; revue par *J. B. Poirson*, ingénieur-géographe. Planche gravée par *Blondeau*.

1 Cuivre. Larg. 57 cent. sur 51.

472. Carte itinéraire de la FRANCE, indiquant les différentes espèces de routes et la distance d'une ville à l'autre en lieues de 2000 toises, dressée par *A. Lorain*, géographe, attaché au dépôt général de la guerre.

1 Cuivre. Larg. 80 cent. sur 54.

473. Carte itinéraire du royaume de FRANCE, divisée en départements, indiquant les différentes routes et les distances d'une ville à l'autre. Lieues de 2000 toises. Dressée par *Charmont*, géographe.

1 Cuivre. Larg. 58 cent. sur 63.

474. Carte itinéraire de la FRANCE, indiquant les différentes espèces de route et les distances des villes entre elles, en lieues de 2000 toises chacune, compris les sinuosités des montagnes, par *De Simencourt*. Seconde édition, corrigée et augmentée en 1843.

1 Cuivre. Larg. 58 cent. sur 61.

475. Carte itinéraire de la FRANCE, divisée en 86 départements et en 355 arrondissements communaux, donnant toutes les routes de postes, les lieux de relais, les routes des messageries et autres, par *J. B. Poirson*.

1 Cuivre. Larg. 85 cent. sur 66.

476. Nouvelle carte des Routes de FRANCE et des PAYS LIMITROPHES, divisée en routes de postes, départementales et communales, dressée par *Maire*, géographe, et revue, en 1846, par *Fauchet*, au dépôt général de la guerre.

1 Cuivre. Larg. 56 cent. sur 74.

477. Carte itinéraire et administrative de FRANCE, avec les plans des principales villes du royaume placées en marges, par ordre de population au nombre de 59, par *Maire*, géographe. Planche avec échelles en myriamètres et anciennes lieues de 25 au degré.

1 Cuivré. Larg. 85 cent. sur 65.

478. CARTES ROUTIÈRES des diverses anciennes PROVINCES de FRANCE, divisées en départements et subdivisées en leurs arrondissements communaux, et comprenant les Chefs-lieux de Préfectures et de Cantons, ainsi que l'indication des relais de poste et des distances qui les séparent, exprimées en postes de deux lieues chacune de 28 1|2 au degré, savoir : 1° des provinces d'ALSACE et de LORRAINE ; — 2° de l'AUVERGNE et du LYONNAIS ; 3° — de la BOURGOGNE ; — 4° de la BRETAGNE ; — 5° de la CHAMPAGNE ; — 6°· de la GUYENNE ; — 7° des provinces du MAINE, de l'ANJOU et de la TOURAINE ; — 8° autre carte de la BRETAGNE ; — 9° des provinces de FLANDRE, de l'ARTOIS et de la PICARDIE ; 10° de la GASCOGNE, de la NAVARRE, du BÉARN et du comté de FOIX ; — 11° de la NORMANDIE ; — 12° de la PROVENCE.

Les sept premières , dressées par *A. R. Fremin*, géographe, et les cinq dernières, par *Hérisson*, géographe. Ces douze Cartes, toutes avec des échelles en myriamètres et autres anciennes lieues, gravées par *J. B. Tardieu*.

Plus, Carte de la FRANCHE-COMTÉ, contenant les Départements du Doubs, de la Haute-Saône, et du Jura, avec partie d'autres limitrophes divisée par districts. Planche gravée par *Croisey*.

Ensemble, 13 Cuivres, de 80 cent. sur 60 cent. environ.

Cet article pourra être divisé.

479. Carte de l'île de CORSE, divisée en ses fiefs et juridictions avec ses différentes pives ou communes, dressée d'après les meilleurs auteurs.

1 Guivre. Larg. 67 cent. sur 48.

480. Carte administrative, forestière et coloniale de FRANCE, par *Maire*. *1829*, Géographe. Planche avec échelles en myriamètres et lieues communes de France de 25 au degré, gravée par *Malo* et *Perrier*.

*1 Cuivre. Larg. 98 cent. sur 66.

481. Carte du Département de la GIRONDE, divisé en 6 Arrondissements et 48 Cantons, par *L. Capitaine*, ingénieur de la Carte de France. Les échelles, sont en nouvelles et anciennes mesures.

1 Cuivre. Haut. 58 cent. sur 52.

482. Carte des Régences d'ALGER, de TUNIS et de TRIPOLI, avec l'Empire de MAROC, comprenant aussi tout le bassin extérieur de la Méditerranée, et une grande partie des États qui forment ses limites européennes , par *Hérisson*, géographe. *1846*, avec échelles en nouvelles et anciennes mesures de France, et autres mesures locales des différentes nations.

1 Cuivre. Larg. 84 cent. sur 58.

483. Carte des Royaumes d'ESPAGNE et de PORTUGAL, où l'on a marqué les routes de poste. Dressée d'après les dernières observations astronomiques et les nouvelles Cartes espagnoles gravées ou manuscrites, par *E. Collin*. Grande planche gravée en deux morceaux qui s'ajustent côte à côte. Dimension de la carte assemblée : Larg. 1m 03 cent. sur 81 cent.

2 Cuivres de 83 cent. de haut. sur 56.

484. Carte itinéraire des Royaumes d'ESPAGNE et de

PORTUGAL, pour servir au théâtre de la guerre, avec les plans des principales villes. Dressée par *Hérisson*, géographe. Planche gravée par *J. B. Tardieu.* Les échelles sont en myriamètres et autres mesures usuelles de pays.

1 Cuivre. Larg. 82 cent. sur 55.

485. Carte d'ESPAGNE et de PORTUGAL, divisée suivant la décision des *Cortès*, et soumise aux dernières observations, par *J. B. Poirson.*

1 Cuivre. Larg. 78 cent. sur 55.

486. Cartes particulières du royaume d'ESPAGNE, dressées par J.-B. *Nolin*, savoir : 1° La BISCAYE, divisée en ses quatre parties principales, et le royaume de NAVARRE, divisé en ses *Mérindades*; 2° la principauté de CATALOGNE avec les Comtés de ROUSSILLON et de CERDAGNE, divisée en *vieille et nouvelle*, et en *vegueries*; 3° la CASTILLE, *vieille et nouvelle*, avec l'ESTRAMADURE, divisée en *Estramadure de Castille* et de *Léon;* 4° le royaume d'ARAGON.

4 Cuivres de 58 cent. de larg. sur 45 cent.

487. Carte d'ITALIE divisée en ses divers états, avec les plans des principales villes, par *N. Maire,* Ingénieur-Géographe. Planche gravée par *Perrier* et *J.-B. Tardieu.*

1 Cuivre. Larg. 96 cent. sur 54.

488. Carte Routière d'ITALIE, dressée d'après les dernières observations, par *Herisson,* géographe. Les échelles sont en myriamètres et en anciennes mesures de pays. Planche gravée par J.-B. *Tardieu.*

1 Cuivre. Haut. 80 cent. sur 54.

489. Carte du PIEMONT, du MONT - FERRAT, et du *Grand-Duché de Gênes,* par *Le Rouge.*

1 Cuivre. Haut. 66 cent. sur 50.

490. Carte de la **suisse** divisée en vingt-deux cantons, par J.-B. *Poirson*, ingénieur - géographe, avec échelles en myriamètres, anciennes lieues de France de 25 au degré, et milles d'Allemagne de 15 au degré. Planche gravée par J.-B. *Tardieu*.

1 **Cuivre**. Larg. 78 cent. sur 55.

491. Carte des **pays-bas**, contenant les royaumes de **hollande** et de **belgique**, divisés en provinces, par *Hérisson*, géographe. Les échelles sont en myriamètres et autres mesures usuelles de différents pays.

1 **Cuivre**. Larg. 75 cent. sur 55.

492. Carte routière du royoume des **pays-bas**, comprenant la **hollande** et la **belgique**, divisées par provinces, dressée par *Hérisson*, géographe. Carte en deux morceaux qui s'ajustent par superposition. Les échelles sont en myriamètres et autres mesures usuelles de différents pays limitrophes. *Dimension* de la carte assemblée. Haut. 1 mètre sur 74 cent.

2 **Cuivres**. Larg. 79 cent. sur 52.

493. Carte d'**allemagne**, comprenant les états de la **confédération germanique** et l'empire d'**autriche**, par *Hérisson*, géographe. Planche gravée par J.-B. *Tardieu*. Les échelles sont en nouvelles et anciennes lieues de France, milles d'Allemagnes et d'Italie et versets de Russie.

1 **Cuivre**. Larg. 81 cent. sur 55.

494. Carte d'**allemagne**, comprenant la **confédération germanique**, l'**empire** d'**autriche**, les royaumes de **prusse**, de **hanovre**, de **bavière**, des **pays-bas**, de **vurtemberg** et de **saxe**, avec les grands-duchés du **bas-rhin**, de **bade** et de **luxembourg**, par *Brion*, ingénieur-géographe. Les échelles sont en nouvelles et anciennes lieues de France, et des Pays-Bas, en milles d'Allemagne et d'Italie, et en verstes de Russie.

1 Cuivre. Larg. 78 cent. sur 55.

495. Carte générale et élémentaire de l'allemagne, conformément à l'acte du congrès de Vienne , du 9 juin 1815, et aux derniers traités de paix; carte comprenant en entier l'empire d'autriche, la confédération germanique, les royaumes de prusse, des pays-bas, et de pologne, par *Maire*, géographe. Planchée gravée par *Perrier* et B. *Tardieu*. Les échelles sont en milles d'Allemagne, de Prusse et de Galicie, et de Hongrie et lieues de France.

1 Cuivre. Larg. 74 cent. sur 59.

496. Carte d'allemagne, par *Maire*, avec divers états détaillés sur une plus grande échelle, et leurs villes capitales avec les environs dans les marges. Les doubles échelles sont en anciennes et nouvelles mesures des différents pays.

1 Cuivre. Larg. 93 cent. sur 65.

497. Carte des états prussiens, par *Herisson*, géographe. Planche gravée par J.-B. *Tardieu*. Les échelles sont en nouvelles et anciennes lieues de France, et milles d'Allemagne et de Prusse.

1 Cuivre. Long. 81 cent. sur 57.

498. Carte des états de pologne, et du grand-Duché de lithuanie, divisé par provinces et par palatinats, par *Samson ;* revue et augmentée par *Herisson*, 1831. Planche gravée par J.-B. *Tardieu*. Les échelles sont en mesures usuelles du pays et de ceux limitrophes.

1 Cuivre. Larg. 75 cent. sur 51.

499. Carte routière de la GRANDE BRETAGNE, dressée d'après les dessins de *Carry*, *Taylor*, et *Leigh*, par *Quentin*, ingénieur, avec toutes les routes de chemins de fer, établis dans ce pays. Les échelles sont en milles statues anglais de 69 1/2 au degré, et en lieues communes de France, de 25 au degré.

1 CUIVRE. Haut. 79 cent. sur 60.

500. Carte des COURONNES DU NORD , comprenant les royaumes de SUÈDE , NORVVÉGE, et de DANEMARCK, par *Herisson*, avec six échelles, mesures usuelles de ces différents pays, et en myriamètres et anciennes lieues de France.

1 CUIVRE. Haut. 85 cent. sur 58.

501. Carte de la GRÈCE et des pays adjacents, dressée par *Herisson*, géographe, avec huit échelles en mesures usuelles de ces différents pays, et en nouvelles et anciennes lieues de France. Planche gravée par J. B. *Tardieu.*

1 CUIVRE. Haut. 77 cent. sur 56.

502. Carte de l'EMPIRE DE TURQUIE, en *Europe et en Asie,* avec les états circonvoisins, par *Herisson,* géographe, 1830, avec six échelles en mesures usitées dans ces pays, et en nouvelles et anciennes lieues de France.

1 CUIVRE. Larg. 94 cent. sur 66.

503. Carte de l'EMPIRE DE TURQUIE en Europe et en Asie, ou théâtre de la guerre entre les Turcs et les Egyptiens, par *Herisson*, 1840, avec six échelles de mesures en usage dans ces différents pays, et en myriamètres et anciennes lieues de France. Planche gravée par *J.-B. Tardieu.*

1 CUIVRE. Larg. 79 cent. sur 55.

504. Carte de l'EGYPTE, de l'ARABIE PÉTRÉE et de la

SYRIE, où l'on a indiqué toutes les batailles et combats livrés par l'armée d'Orient. Carte dressée par *Hérisson*, géographe, avec sept échelles de mesures en usages dans ces contrées, et en myriamètres et anciennes lieues de 25 au degré. Planche gravée par *J-B. Tardieu*, et les écritures par *Pélicier*.

1 Cuivre. Larg. 99 cent. sur 56.

505. Carte de la **TERRE SAINTE** divisée en ses douze tribus et des pays environnants, pour servir à l'intelligence de l'ancien et du nouveau testament, par *Hérisson*, géographe, avec six échelles de mesures en usage à cette époque historique, et en nouvelles et anciennes lieues de France. Planche gravée par *J.-B. Tardieu*.

1 Cuivre. Larg. 79 cent. sur 57.

506. Carte générale des **ÉTATS-UNIS d'AMÉRIQUE**, avec les plans des principales villes, par *Herisson*, géographe, avec quatre échelles en milles anglo-américains de 69 1/2 au degré, lieues marines d'Espagne, et en nouvelles et anciennes lieues de France. Planche gravée par *J.-B. Tardieu*.

1 Cuivre. Larg. 80 cent. sur 54.

507. Collection de six cartes dites **MUETTES**, pour servir à l'étude de la **GÉOGRAPHIE**, dressées par *Herisson*, sur la même échelle que celle de l'auteur, faisant également partie du fonds de Mme Ve Jean, savoir :

1° **MAPPEMONDE**; — 2° l'**EUROPE**; — 3° l'**ASIE**; — 4° l'**AFRIQUE**; — les **DEUX AMÉRIQUES**; — et 6° la **FRANCE**. Planches gravées par *J.-B. Tardieu*.

6 Cuivres. 78 cent. sur 66.

508 Carte des **ENVIRONS DE PARIS**, à *quinze lieues à la*

ronde, dressée d'après les matériaux les plus récents. par *A.-R. Fremin*, géographe, *1845.*

1 Cuivre. Larg. 84 cent. sur 57.

Autre épreuve avec *1844.*

509. Carte routière des ENVIRONS DE PARIS, divisés par départements, arrondissements communaux et cantons, dressée par *J.-B. Poirson*, ingénieur géographe, avec quatre échelles en myriamètres et autres mesures anciennes de France.

1 Cuivre. Larg. 98 cent. sur 68.

510. Nouveau plan de la ville de PARIS, divisé en 12 arrondissements et 48 quartiers, *1846.*

1 Cuivre. Long. 98 cent. sur 60.

Ce plan contient dans les marges en deux colonnes la nomenclature alphabétique de toutes les rues de Paris avec le moyen de trouver leur situation.

Autre épreuve avec *1845.*

511. Plan de la ville de PARIS, divisé en 12 arrondissements et 48 quartiers, avec tous les changements exécutés et projetés par *Herisson*, géographe, *1838.*

Au moyen de la nomenclature alphabétique des rues de Paris qui se trouvent en trois colonnes dans les marges de ce plan et des chiffres et des lettres qui sont à la suite, il est facile de trouver leur situation.

1 Cuivre. Larg. 93 cent. sur 63.

512. Plan de la VILLE et du CHATEAU DE VERSAILLES, dressé sur les lieux, par *Lemonnier.*

1 Cuivre. Haut. 63 cent. sur 48.

513. Plan routier de la ville et faubourgs de ROUEN, avec ses environs.

1 Cuivre. Larg. 78 sur 57.

Plan de la ville de CAEN, dressé sur les lieux, par
P. *Leclère.*

> 1 CUIVRE. Larg. 75 cent. sur 50.

Autre plan de la ville de CAEN, de ses faubourgs et
de ses environs, dressé sur les lieux en **1822**,
par *le même.*

> 1 CUIVRE. Larg. 95 cent. sur 61.

Ensemble 3 planches. Ce lot pourra être divisé.

514. Plan de la ville de LYON et de ses environs, *1844.*
Planche gravée par *J-B. Tardieu*, et les écritures
par *Pélicier.*

> Larg. 88 cent. sur 56.

515. Plan de la ville de BOURDEAUX et de ses faubourgs,
dressé suivant les nouvelles divisions qu'il présente
et les nouveaux établissements qui y ont été formés.

> 1 CUIVRE. Larg. 74 cent. sur 55.

516. Plan de la ville et citadelle de LILLE, suivant les
nouveaux changements, revu et corrigé par *Rude-
mare.*

> 1 CUIVRE. Larg. 79 cent. sur 57.

517. Plan de la ville de STRASBOURG divisé en quatre
cantons, revu et augmenté par *Herisson*, géographe, *1836.*

> 1 CUIVRE. Larg. 77 cent. sur 55.

518. Plan de la ville de BRUXELLES divisé en arrondissements et sections, dressé d'après les meilleurs
matériaux en 1824.

> 1 CUIVRE. Larg. 81 cent. sur 56.

519. Plan of LONDON, WESTMINSTER, and the BOROUGH
OF SOUTHWARK, with all the additionnal streets,
squares, etc.

> 1 CUIVRE. Larg. 84 cent. sur 58.

520. **Plan de la ville de** ROME **d'après celui publié par** par *J.-B. Nolli*, par *Lattré*. Paris, Jean 1831.

1 CUIVRE. Larg. 68 cent. sur 46.

521. Plans dressés par *E. Mentelle*, ingénieur géographe, savoir :

1º De la ville de ROME ;

2º De celle de MADRID.

Planches gravées par *P.-F. Tardieu*, et les écritures par *Dubuisson*.

2 CUIVRES. Larg. 45 cent. sur 34.

Imprimerie Maulde et Renou, rue Bailleul, 9-11.   3937